Das Schweden Kochbuch

Margareta Schildt Landgren

Das Schweden Kochbuch

Rezepte und Geschichten aus Margaretas Küche

Fotos von Tine Guth Linse

Aus dem Englischen von
Barbara Holle

GERSTENBERG

Die Originalausgabe erschien 2011 unter dem Titel *Notes from a Swedish Kitchen* bei New Holland Publishers (UK) Ltd in Großbritannien

1. Auflage 2013

Außenlektorat: Stephanie Kloster, Hamburg

Printed and bound in China
ISBN 978-3-8369-2759-8
www.gerstenberg-verlag.de

Inhalt

Einführung

Ich empfinde es als großes Privileg, mich der schönsten Sache der Welt zu widmen – dem Essen! Mein Leben hat sich aus persönlichen wie auch beruflichen Gründen immer wieder in andere Richtungen entwickelt, doch das Essen spielte stets eine wichtige Rolle.

Auch in meinen Kindheitserinnerungen nimmt es einen zentralen Platz ein: Ich sehe meine Familie am Tisch sitzen, um die großartigen Gerichte meiner Mutter zu genießen. Und obwohl ich ihr nur selten beim Kochen half, bin ich überzeugt, dass damals der Grundstein für meine Leidenschaft gelegt wurde. Ihr Speiseplan richtete sich stets nach den Jahreszeiten, und so wäre es undenkbar gewesen, außerhalb des Sommers Erdbeeren zu essen. Im Herbst sammelten wir Hagebutten, Blaubeeren und Pilze und machten aus den Gaben von Mutter Natur die herrlichsten Dinge. Wir Schweden waren schon immer Experten darin, das, was wir im Sommer ernten, für lange kalte Winter zu konservieren. Und interessanterweise besinnt man sich heute wieder auf diese Tradition, Lebensmittel zu verarbeiten, die Saison haben – und sie nicht aus allen Ecken der Welt zu importieren. So erleben beispielsweise Wurzelgemüse gerade eine Renaissance.

Meine Mutter wollte eigentlich Hauswirtschaftslehrerin werden, doch zu ihrer Zeit gab es noch keine finanzielle Förderung für Studenten, und ihre Eltern konnten das Studiengeld nicht aufbringen. Ihre Schwiegermutter, meine Großmutter, war diejenige, von der sie viele Anregungen bekam und eine Menge lernte. Später kreierte sie eigene Gerichte, die sie sorgfältig mit der Schreibmaschine festhielt. Als sie vor einigen Jahren starb, hinterließ sie mir ihr

Rezeptbuch, und jedes ihrer drei Enkelkinder wollte unbedingt eine Kopie davon haben – eine Tatsache, die Bände spricht. Darin zu lesen ist für mich, als läse ich unsere Familienchronik, als öffne sich ein Fenster zu meiner Kindheit. Erzählt es doch so viel über traditionelle Zutaten, alte Garmethoden und Feste. Meine Mutter hat bei den Rezepten sogar notiert, wessen Lieblingsgericht es war, und mitunter hat sie sie auch überarbeitet.

Man könnte vielleicht auf den Gedanken kommen, ich hätte den Beruf der Hauswirtschaftslehrerin ergriffen, um den Traum meiner Mutter zu erfüllen. In Wirklichkeit verspürte ich dazu nicht die geringste Neigung, als ich die Schule verließ. Erst durch einen Job als Aushilfslehrerin wurde mir bewusst, wie viel Freude es mir machte, meine Leidenschaft fürs Kochen an meine Schüler weiterzugeben – und so entschloss ich mich zu dieser Ausbildung. Dann bekam ich das Angebot, in der Testküche des Zuckerherstellers Sockerbolaget zu arbeiten. In den vier Jahren dort lernte ich enorm viel. Danach entschied ich mich für die freiberufliche Tätigkeit als Kochbuchautorin, Schriftstellerin und Filmemacherin.

»Eine einfache, schnörkellose Küche mit regionalen Zutaten«: Das ist mein Motto, und was ich darunter verstehe, soll Ihnen dieses Buch zeigen. Gleichzeitig soll es Sie anregen, meine Rezepte nachzukochen – aber auf Ihre ganz persönliche Art und Weise. Oft höre ich von Lesern, ihre Exemplare meiner Kochbücher seien mit Flecken übersät. Ein größeres Kompliment kann man einer Köchin kaum machen!

Winter
VINTER

Winter in Schweden

Obwohl Schweden bekanntlich ein säkulares Land ist, haben die vier Adventssonntage für uns eine ganz besondere Bedeutung. Die Einstimmung auf Weihnachten beginnt am ersten Adventssonntag mit dem feierlichen Entzünden der ersten Kerze. Während viele meiner Landsleute diesen Tag mit einem Gottesdienstbesuch begehen, nutzen andere ihn für einen Schaufensterbummel und sehen sich die Weihnachtsauslagen an. Nun bricht auch die Zeit der Weihnachtsvorbereitungen, der Weihnachtsmärkte und -partys an, bei denen der Glühwein nicht fehlen darf.

Den ganzen Dezember über wird fleißig gekocht und gebacken; beliebt sind vor allem Ingwerplätzchen und Lucia-Brötchen. Viele empfinden die Advents- und Weihnachtszeit als anstrengend, aber ich freue mich jedes Jahr wieder darauf, bietet sie uns doch die Gelegenheit, uns mit Freunden und Verwandten zu treffen, was sonst oft zu kurz kommt. Man trifft sich, um gemeinsam zu backen und andere Leckereien herzustellen, und trinkt dabei ein Glas Glühwein. Es macht einen Großteil der Freude aus, den großen Tag zu planen, die Gerichte auszuwählen und die Einkäufe zu organisieren. Zudem wecken die herrlichen Gerüche der Weihnachtsgerichte schöne Kindheitserinnerungen … Wenn der Duft der frisch gebackenen Ingwerplätzchen und des im Ofen schmorenden Schinkens durchs Haus zieht, weiß jeder, dass endlich Weihnachten ist.

Aber natürlich hat der Winter noch mehr zu bieten: Ich denke an ausgedehnte Spaziergänge durch tief verschneite Wälder. An Schlechtwettertagen aber, wenn es draußen matschig ist und ein eisiger Wind weht, so dass man nicht mal einen Hund vor die Tür jagen würde, hebt es ungemein die Stimmung, wenn man in der Küche kreativ wird. Ich probiere an solchen Tagen neue Brotrezepte aus, denn Brot ist eine ideale Beilage zu sättigenden, wärmenden Suppen, die im Winter besonders guttun.

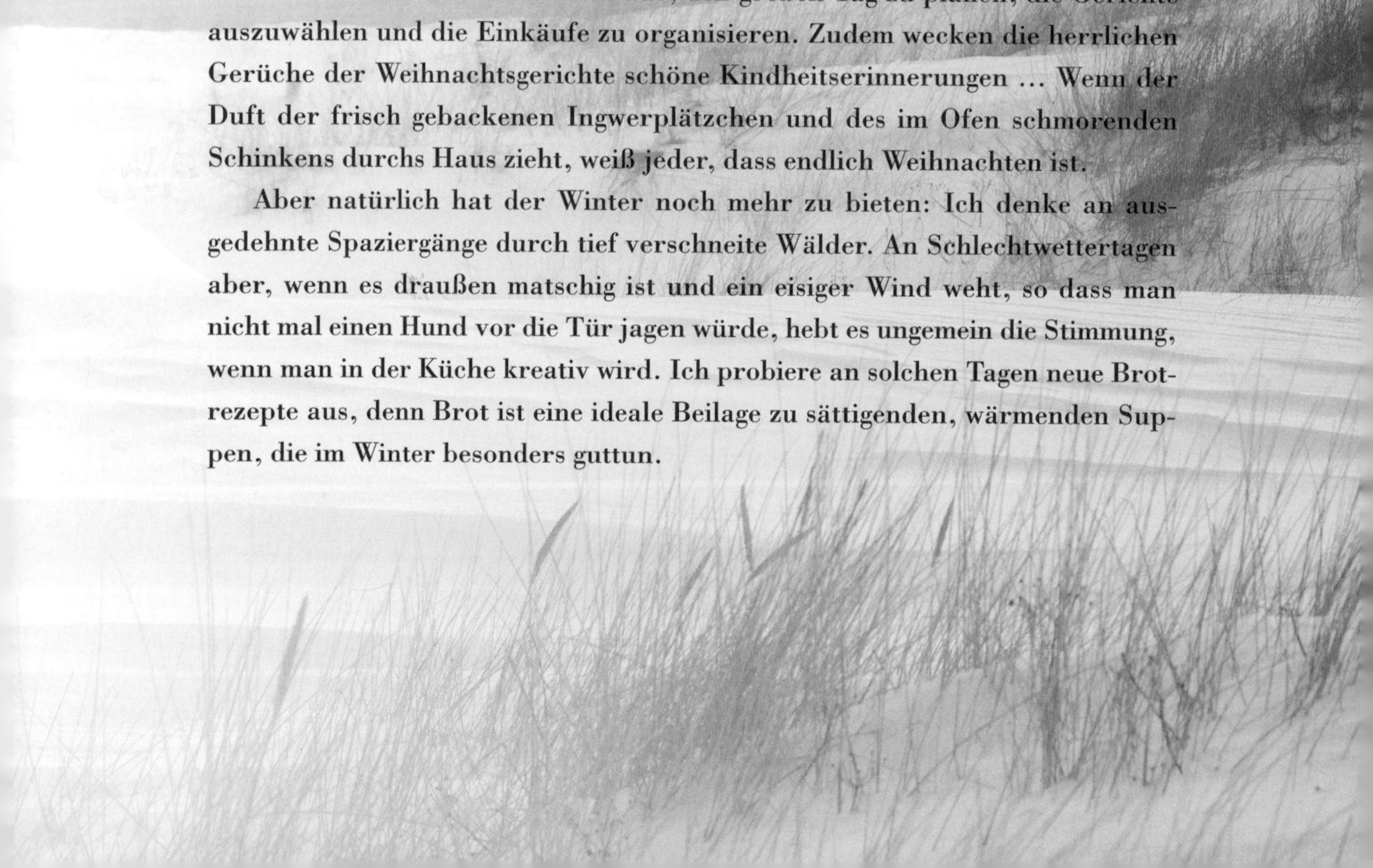

Köttbullar

FLEISCHBÄLLCHEN

FÜR 4 PORTIONEN

4 EL Semmelbrösel

400 g gemischtes Hackfleisch (halb und halb)

2 EL Zwiebel, gerieben

Salz und frisch gemahlener Pfeffer

Öl zum Braten

Meine Mutter kaufte gern ein halbes oder ganzes geschlachtetes Schwein, um daraus Presssack (eine Kochwurst) und andere Würste sowie Fleischbällchen herzustellen. Für die Fleischbällchen drehte sie frischen Schinken mit ausgekühlten gekochten Kartoffeln durch den Fleischwolf und fror die Masse portionsweise ein. Diese musste zu einem späteren Zeitpunkt nur noch aufgetaut, zu Bällchen geformt und gebraten werden. Sollten Sie gekochte Kartoffeln übrig haben, ersetzen Sie die Semmelbrösel durch Kartoffeln.

1 Semmelbrösel mit 4 EL kaltem Wasser in eine Rührschüssel geben und etwa 5 Min. quellen lassen.

2 Hackfleisch und Zwiebeln hinzufügen, mit Salz und Pfeffer würzen. Die Masse mit den Händen oder einem Holzlöffel zu einem glatten Teig vermengen.

3 Mit einem Esslöffel kleine Portionen abstechen und zu Bällchen formen. Das geht am besten, wenn man die Hände mit kaltem Wasser anfeuchtet.

4 Öl in einer Pfanne erhitzen und die Fleischbällchen rundherum goldbraun braten. Hitze reduzieren und die Bällchen in etwa 10 Min. bei geringer Hitze fertiggaren.

5 Dazu serviert man Preiselbeeren, Kartoffelpüree und braune Sauce (siehe Seite 18).

Steksås

BRAUNE SAUCE

FÜR 4 PORTIONEN

1 EL Rinder- oder Hühnerbrühe oder Wildfond (instant, nach Belieben)

3 EL Mehl

200 g Sahne

½ TL Sojasauce

Salz und frisch gemahlener Pfeffer

Damit der Fleischgeschmack richtig zur Geltung kommt, sollte man zu Rind stets eine Rindfleischsauce, zu Wild eine Wild- und zu Geflügel eine Geflügelsauce servieren. Die Grundlage bildet immer der jeweilige Bratsatz bzw. -fond. Fertigsaucen, die in Supermärkten angeboten werden, können es mit einer selbst gemachten Sauce nicht aufnehmen. Braune Sauce serviert man in Schweden klassischerweise zu Fleischbällchen.

1 300 ml Wasser zum Kochen bringen. In den Topf mit dem Bratensatz, in dem Sie das Fleisch gebraten haben, gießen und loskochen. Brühe bzw. Fond hinzufügen und zum Köcheln bringen.

2 Mehl mit etwas kaltem Wasser anrühren und langsam einrühren.

3 Sahne zugießen und die Sauce etwa 5 Min. köcheln lassen. Mit Sojasauce, Salz und Pfeffer abschmecken. Die Braune Sauce passt zu Fleischbällchen (siehe Seite 17) oder anderen Fleischgerichten.

Hasselbackspotatis

GEBACKENE FÄCHERKARTOFFELN

FÜR 4 PORTIONEN

Fett für das Blech oder die Form

12–15 große Kartoffeln, alle etwa gleich groß

1 TL Salz

50 g Butter, zerlassen

100 g Semmelbrösel

Manchmal habe ich den Eindruck, dass traditionelle schwedische Kartoffelgerichte in Vergessenheit geraten sind. Es ist ein Kinderspiel, aus Kartoffeln etwas ganz Besonderes zu zaubern. Meine Gäste sind immer begeistert, wenn ich sie – zu gebratenem Fleisch oder Geflügel – serviere.

1 Backofen auf 225 °C (Umluft 205 °C) vorheizen. Ein Backblech oder eine ofenfeste Form fetten. Kartoffeln schälen, waschen und vom einen Ende ein kleines Stück abschneiden, damit sie einen festen Stand haben. Nun jede Kartoffel zu etwa drei Vierteln in kleinen Abständen ein-, aber nicht durchschneiden, so dass die Scheiben unten noch zusammenhängen.

2 Kartoffeln auf das Blech setzen, mit Salz bestreuen und rundherum mit etwas Butter einpinseln. Semmelbrösel darüberstreuen und Kartoffeln je nach Größe in 30–40 Min. im Ofen garen. Dabei gelegentlich mit der restlichen Butter einpinseln. Für eine Garprobe vorsichtig ein Messer in die Kartoffeln stechen. Sie sind gar, wenn das Messer mühelos hineingleitet. Die Fächerkartoffeln zu gebratenem Fleisch oder Geflügel servieren.

Ärtsoppa

ERBSENSUPPE

FÜR 6 PORTIONEN

1 EL Salz

500 g getrocknete gelbe Erbsen

2 l Gemüsebrühe

2 Zwiebeln, gehackt

1 TL frischer Thymian, gehackt

Salz und frisch gemahlener Pfeffer

200 g geräucherte Schweinelende, in feine Streifen geschnitten

Eine herzhafte Erbsensuppe ist das ideale Abendessen für kalte Wintertage. In meiner Familie veranstalten wir jeden Donnerstagabend eine Erbsensuppenparty. Als Getränk wird in kleinen Tassen heißer Arrak-Punsch serviert.

1 Salz in 2 l kaltem Wasser auflösen und die Erbsen mindestens 12 Std., am besten über Nacht, darin einweichen.

2 Erbsen in ein Sieb geben und das Wasser abgießen. Gemüsebrühe mit Zwiebeln und Erbsen in einem großen Topf aufkochen. Suppe im geschlossenen Topf bei geringer Hitze 60–90 Min. köcheln lassen, bis die Erbsen gar sind. Dabei gelegentlich den Schaum von der Suppe abschöpfen.

3 Thymian zur Suppe geben, mit Salz und Pfeffer abschmecken. Kurz vor dem Servieren das Fleisch hineingeben. Mit Arrak-Punsch (siehe rechts) servieren.

Punsch

ARRAK-PUNSCH

FÜR ETWA 1 LITER

750 ml klarer Schnaps oder Wodka

Arrak nach Geschmack

50 ml brauner Rum

330 g Zucker

In meiner Kindheit gab es Arrak-Punsch zum Aufwärmen bei den Festen, die mein Vater nach einer Jagd veranstaltete. Ich serviere ihn heute in Eierschalen zu meinem Eierflip-Parfait (siehe Seite 70).

1 Alle flüssigen Zutaten in eine große Schüssel gießen und den Zucker darin auflösen. Mischung in sterilisierte Flaschen füllen, luftdicht verschließen und 4 Monate ruhen lassen. Zur Erbsensuppe (siehe links) servieren.

Der Punsch ist mehrere Monate haltbar.

Schwedische Weihnacht

Das Weihnachtsbuffet ist der Höhepunkt des Heiligen Abends, und es macht mir große Freude, die Lieblingsgerichte aller Familienmitglieder zuzubereiten. Denn zum Julfest gehört nicht nur eine festliche Dekoration, sondern auch ein ganz besonderes Essen. Mit den Vorbereitungen beginne ich schon Tage vorher. So gerät man nicht in Stress und kann die Zeit bis zum Fest wirklich genießen. Was auf unserem Buffet nie fehlen darf, sind Fleischbällchen (siehe Seite 17), Glühwein (siehe Seite 26), Ingwerplätzchen (siehe Seite 30), Lucia-Brötchen (siehe Seite 34), Toffees und Orangentrüffeln (siehe Seite 37), eingelegter Salzhering (siehe Seite 38), Hering in Senfsauce (siehe Seite 40), Weihnachtsschinken (siehe Seite 43), Grünkohl in Sahnesauce (siehe Seite 45) sowie selbst gebackenes Roggen- und Vollkornbrot (siehe Seite 60 bzw. 63). Außerdem gibt es Würste, Käse und andere Köstlichkeiten, die von Jahr zu Jahr variieren.

Glögg
GLÜHWEIN

FÜR ETWA 2 LITER

150 ml Wodka

6 Zimtstangen

30 Gewürznelken

2 große Stücke getrockneter Ingwer

1 Handvoll getrocknete Bitterorangenschale

2 TL Kardamomkapseln, angedrückt

440 g Zucker

1½ l Rotwein

Inga-Lill, die Mutter meiner besten Freundin, bereitete diesen Glühwein immer ungefähr eine Woche vor dem ersten Advent zu – und wir durften ihn dann schon mal kosten. Auf seinen Geschmack und die damit verbundene Erinnerung freue ich mich jedes Jahr. Dieser Glühwein ist nicht sehr süß und kann nach Geschmack nachgesüßt werden.

1 Wodka mit Zimt, Nelken, Ingwer, Orangenschale sowie Kardamom in ein kleines Schraubdeckelglas füllen und verschließen. Die Mischung 1 Woche bei Zimmertemperatur ziehen lassen.

2 In einem Topf bei geringer Hitze Zucker in etwas Rotwein auflösen. Den restlichen Wein und die Wodkamischung durch ein Sieb dazugießen. Alles gut verrühren und in sterilisierte Flaschen füllen. Vor dem Servieren langsam erwärmen, aber nicht kochen lassen.

Der Glühwein ist in der geöffneten Flasche einige Tage haltbar.

Weihnachtsgebäck

Wie in vielen schwedischen Familien war es auch bei uns üblich, dass die Kinder mit den Müttern Plätzchen backten. So durften mein Bruder und ich Anfang Dezember immer beim Ausstechen und Backen der Ingwerplätzchen helfen, wobei es jedes Jahr neue Ausstecher gab. Kindern schmecken die Plätzchen mit Zuckerguss am besten. Ich esse Plätzchen am liebsten mit Blauschimmelkäse zu einem Glas Glühwein (siehe Seite 26). Die knusprigen Ingwerplätzchen sind so dünn, dass Sie ohne weiteres zweihundert Stück backen können. Damit die Plätzchen bis Weihnachten reichen, backe ich oft sogar die doppelte Menge. Der Teig muss vor dem Backen über Nacht im Kühlschrank ruhen. Dabei schrumpft er etwas und ist am nächsten Morgen voller Fingerabdrücke. Woran das liegt, ist mir bis heute ein Rätsel … In unserer Familie ist es auch Brauch, ein Lebkuchenhaus zu bauen, das mit Süßigkeiten verziert wird.

Lisas pepparkakor

INGWERPLÄTZCHEN NACH ART MEINER MUTTER

FÜR ETWA 200 STÜCK

150 g Butter
150 g Zucker
150 g Golden Syrup (Zuckersirup)
1½ TL gemahlene Gewürznelken
1½ TL gemahlener Ingwer
1 TL gemahlener Zimt
1 TL Backnatron
1 Ei
500 g Mehl

Einmal gab meine Mutter aus Versehen ein Ei mit in den Teig. Sie wurden wunderbar knusprig – und das Ei wurde fester Bestandteil des Rezepts. Der Teig ist kinderleicht herzustellen, aber das Ausrollen kann tückisch sein. Dafür wird man mit den herrlichsten Ingwerplätzchen belohnt.

1 Butter in einem kleinen Topf mit Zucker und Sirup zerlassen. Gewürze und Natron unterrühren. Ei und Mehl hinzufügen und alles sorgfältig verrühren. Den Teig über Nacht im Kühlschrank ruhen lassen.

2 Backofen auf 200 °C (Umluft 180 °C) vorheizen. Den Teig sehr dünn ausrollen und mit Ausstechformen Plätzchen ausstechen. Auf mit Backpapier belegte Backbleche legen und 5–7 Min. auf der mittleren Schiene im Ofen nach Sicht backen. Anschließend auf Kuchengittern abkühlen lassen.

In luftdicht verschließbaren Dosen sind die Plätzchen bis zu 4 Wochen haltbar.

Das Lucia-Fest

Die heilige Lucia, Schutzpatronin von Syrakus auf Sizilien, ist die Namensgeberin des gleichnamigen Fests. Gleichzeitig ist sie eine der wenigen Frauen, denen ein schwedischer Feiertag gewidmet ist.

Bis zur Einführung des julianischen Kalenders im Jahr 1753 fiel die Wintersonnenwende in Schweden auf den 13. Dezember. Und so findet das Fest auch heute noch an diesem Datum statt. Das Lucia-Fest ist geprägt von christlichen wie heidnischen Bräuchen, mit denen die Menschen versuchten, die Finsternis und die bösen Mächte mit dem Licht einer Kerze zu vertreiben, die die ganze Nacht hindurch brannte.

Heute ist das Lucia-Fest eines der wichtigsten schwedischen Feste. Man denkt dabei vor allem an Kinderlieder und die duftenden Lucia-Brötchen. Fast jede große Stadt wählt ihre eigene Lucia, und die nationalen Feierlichkeiten werden in aller Frühe live vom schwedischen Fernsehen übertragen. Die jungen Mädchen, die sie verkörpern, tragen eine Krone mit brennenden Kerzen und ein weißes Gewand. Als Konfirmandin war meine Tochter Sara die Lucia unserer Kirchengemeinde.

Lussekatter

LUCIA-BRÖTCHEN

FÜR ETWA 32 STÜCK

150 g Butter
500 ml Milch
50 g frische Hefe
1 Msp. Safran
1½ TL Salz
135 g Zucker
2 TL Backpulver
900 g Mehl
100 g Rosinen
1 Ei

Lucia-Brötchen gibt es in ganz Schweden zum Lucia-Fest am 13. Dezember. Eine Legende aus dem 17. Jahrhundert besagt, dass Jesus die braven Kinder mit süßen Brötchen beschenkte, während Luzifer in Gestalt einer Katze den bösen Kindern Schläge versetzte.

1 Butter zerlassen und mit der Milch lauwarm erwärmen. Hefe in eine große Rührschüssel zerkrümeln. Milchmischung darübergießen und die Hefe unter Rühren auflösen. Safran, Salz und Zucker unterrühren. Backpulver und Mehl mischen, nach und nach zugeben und alles zu einem festen, glatten Teig verkneten. Teig abgedeckt 30 Min. an einem vor Zugluft geschützten Ort gehen lassen.

2 Den Teig etwa 10 Min. durchkneten, bis er glatt ist und einen seidigen Glanz hat. Anschließend halbieren und jeweils zu einem dicken Rechteck ausrollen. Rechtecke halbieren und die Hälften in je 8 Stücke teilen. Die Stücke mit den Händen erst zu fingerdicken und fingerlangen Würsten rollen und diese in S-Form bringen. Die Brötchen auf ein mit Backpapier belegtes Backblech legen und oben und unten je 1 Rosine hineindrücken. Brötchen weitere 30 Min. ruhen lassen.

3 Backofen auf 225 °C (Umluft 205 °C) vorheizen. Das Ei in einer Tasse verquirlen. Brötchen damit bepinseln und 7–10 Min. auf der mittleren Schiene goldbraun backen. Für die Garprobe mit den Fingern auf die Unterseite klopfen. Sie sind fertig, wenn es hohl klingt. Brötchen auf einem Kuchengitter auskühlen lassen.

Knäck

TOFFEES

FÜR ETWA 50 STÜCK

150 g Sahne
150 ml Golden Syrup (Zuckersirup)
150 g Zucker
2 EL Butter
50 g blanchierte Mandeln, gehackt
etwa 50 Pralinenförmchen

Knäck – süßes, klebrig-weiches Toffee – ist eine klassische schwedische Leckerei, ohne die ich mir ein Weihnachtsfest kaum vorstellen kann.

1 Alle Zutaten bis auf die Mandeln in einem Topf mit Sandwichboden verrühren. Die Masse in 45–60 Min. unter gelegentlichem Rühren köcheln lassen. Um zu prüfen, ob die Masse fertig ist, ein paar Tropfen davon in ein Glas mit kaltem Wasser geben. Zerfällt sie nicht und lässt sich zu Bällchen formen, hat sie lange genug gekocht. Ansonsten noch etwas weiterköcheln lassen.

2 Den Topf vom Feuer nehmen und die Mandeln einrühren. Die Masse in Pralinenförmchen füllen und kühl gestellt fest werden lassen.

Apelsintryffel

ORANGENTRÜFFELN

FÜR ETWA 30 STÜCK

100 g Sahne
200 g Zartbitterschokolade (mindestens 70 % Kakao), grob gehackt
abgeriebene Schale und 1 EL Saft von 1 Bio-Orange
etwa 30 Pralinenförmchen

Unsere Orangentrüffeln sind im Handumdrehen hergestellt – und dazu ein echter Hochgenuss. Hübsch in Zellophantütchen verpackt, sind sie außerdem ein nettes Geschenk, das wir bei unseren Glühweinpartys verteilen.

1 Sahne in einem kleinen Topf zum Kochen bringen. Vom Feuer nehmen, Schokolade hinzufügen und schmelzen lassen.

2 Etwas Orangenschale und Orangensaft einrühren. Die Mischung in Pralinenförmchen füllen. Die Trüffeln mit der restlichen Orangenschale verzieren und 2 Std. im Kühlschrank fest werden lassen.

Sie halten sich im Kühlschrank 3–4 Tage.

Glasmästarsill

EINGELEGTER SALZHERING

FÜR 3–4 PORTIONEN ALS VORSPEISE

400 g Salzheringsfilets (siehe Seite 41)

1 Karotte, in dünne Scheiben geschnitten

1 rote Zwiebel, in feine Ringe geschnitten

10 weiße Pfefferkörner

5 EL Essigessenz (12 %)

100 g Zucker

Meine Mutter schichtete die Heringsfilets mit Karotten und Gewürzen stets in ein quadratisches Glas, das sie mit einem Korken verschloss.

1 Heringsfilets 6–8 Std. in kaltem Wasser wässern, um ihnen den salzigen Geschmack zu nehmen. Filets anschließend in gleich große Stücke schneiden und abwechselnd mit Karottenscheiben, Zwiebelringen und Pfefferkörnern in ein verschließbares Glasgefäß schichten.

2 In einem Topf Essigessenz mit 150 ml Wasser und Zucker aufkochen und heiß über den Fisch gießen. Gefäß schließen, abkühlen und mindestens 3 Tage im Kühlschrank durchziehen lassen. Schmeckt kalt mit gekochten Kartoffeln, oder man serviert ihn auf einem Smörgåsbord (siehe Seite 83).

Senapssill

HERING IN SENFSAUCE

FÜR 3–4 PORTIONEN ALS VORSPEISE

3 EL süßlicher Senf

3 EL Zucker

1 TL Salz

3 EL Rapsöl

3 EL saure Sahne

1 Handvoll Dill, fein gehackt

400 g Salzheringsfilets (siehe rechts), in Stücken

Es gibt Gerichte, die dürfen auf meinem Weihnachtsbuffet nicht fehlen. Dazu gehört auch dieser köstliche Hering in Senfsauce, dem niemand widerstehen kann.

1 Senf, Zucker und Salz in einer Rührschüssel verrühren. Öl unterschlagen, dann die saure Sahne unterziehen.

2 Dill und Hering unterheben, das Ganze in ein verschließbares Gefäß oder ein Schraubdeckelglas füllen und mindestens 6 Std. im Kühlschrank durchziehen lassen. Der Hering passt kalt zu dunklem Brot oder zu gekochten Kartoffeln. Oder man serviert ihn auf einem Smörgåsbord (siehe Seite 83).

Der Hering in Senfsauce hält sich im Kühlschrank bis zu 1 Woche.

Saltad Sill

SALZHERINGSFILETS

2 kg frische Heringe (Köpfe und Kiemen entfernt)

600 g grobes Meersalz

Früher aß man Salzheringe einfach so; heute empfindet man sie als zu salzig. Deshalb werden sie meist eingelegt (siehe Seite 38) oder in Senfsauce (siehe links) gegessen. Sie können natürlich auch andere Zutaten nehmen und das Dressing variieren. Die Gewichtsangabe bezieht sich auf bereits von Köpfen und Kiemen befreite Fische.

1 Die vorbereiteten Heringe mit dem Salz in ein großes Schraubdeckelglas oder ein anderes Gefäß mit Deckel füllen, verschließen und 14 Tage im Kühlschrank ruhen lassen.

2 Heringe mindestens 24 Std. vor der Zubereitung an einem kühlen Ort wässern; dafür pro Hering 1½ l Wasser rechnen. Anschließend abtropfen lassen.

3 Fische ausnehmen, filetieren, unter fließendem kaltem Wasser abspülen und nach Belieben weiterverarbeiten.

Schwedischer Weihnachtsschinken

Die Tradition, an Weihnachten einen großen gekochten oder gebackenen Pökelschinken zu essen, geht bis in die vorchristliche Zeit zurück: Der Sage nach versammelten sich die Asen, das bestimmende Göttergeschlecht der Germanen, jede Nacht in der Walhall, um sich am Fleisch des Ebers Sährimnir gütlich zu tun. Nach dem Mahl wurde er wieder zum Leben erweckt, indem man die abgenagten Knochen zusammensetzte.

In ländlichen Gemeinden galt früher ein großer Weihnachtsschinken als Statussymbol, weshalb die Schweine ordentlich gemästet wurden. Aus dem Fleisch stellte man die verschiedensten haltbaren Speisen wie Würste, Fleischbällchen, Presssack oder Pökelfleisch her. Apropos: Die fette, salzige Kochbrühe serviert man mit dunklem Roggenbrot zum Tunken.

Julskinka

WEIHNACHTSSCHINKEN

5 kg frischer Schinken mit Knochen

1. TAG

6 EL Salz
3 EL Zucker
1 EL Kaliumnitrat (Salpeter)

2. TAG

6 EL Zucker
6 TL Kaliumnitrat (Salpeter)
1,5 kg grobes Meersalz

FERTIGSTELLUNG

1 Ei
1 EL Zucker
3 EL milder Senf
50 g Semmelbrösel

Heute wie damals bestellen wir bei einem guten Schweinezüchter einen frischen Schinken und pökeln ihn selbst.

1. TAG Salz, Zucker und Kaliumnitrat mischen. Den Schinken gut damit einreiben und über Nacht im Kühlschrank ruhen lassen.

2. TAG Für die Lake Zucker, Kaliumnitrat und Salz in 6 l Wasser auflösen und zum Kochen bringen. Den Schinken in eine ausreichend große Schüssel legen, mit der heißen Lake übergießen und 14 Tage an einem kühlen Ort ruhen lassen.

16. TAG Die Lake wegschütten. Den Schinken in einen Topf legen und mit frischem kaltem Wasser bedecken. Bei geringer Hitze aufkochen und 2–3 Std. köcheln lassen, bis das Fleischthermometer 75–80 °C anzeigt. Den Schinken anschließend in der Brühe abkühlen lassen.

FERTIGSTELLUNG Backofen auf 200 °C (Umluft 180 °C) vorheizen. Ei mit Zucker und Senf verquirlen. Den Schinken damit bestreichen, mit Semmelbröseln bestreuen und in etwa 15 Min. goldbraun backen. Etwas abkühlen lassen und in Scheiben geschnitten servieren.

Janssons frestelse

KARTOFFELAUFLAUF MIT SPROTTEN

FÜR 4 PORTIONEN

- Butter für die Form
- 200 g Sprotten
- 2 Zwiebeln, in feine Ringe geschnitten
- 1 kg mehlig kochende Kartoffeln, in feine Stifte geschnitten
- frisch gemahlener Pfeffer
- 200–300 g Crème double
- 3 EL Semmelbrösel
- 2 EL Butter

Für mich ist »Jansons Versuchung« der köstlichste aller Aufläufe. Optisch gibt er zwar nicht viel her, aber die Kombination von sämigen Kartoffeln und Sprotten ist unvergleichlich. Das Gericht passt hervorragend auf ein Smörgåsbord (siehe Seite 83) oder ein Buffet, ist aber auch ein herrlich leichtes Abendessen.

1 Den Backofen auf 200 °C (Umluft 180 °C) vorheizen. Eine große Auflaufform mit Butter fetten. Abwechselnd Sprotten, Zwiebeln und Kartoffeln in die Form schichten, pfeffern. 200 g Crème double darüber verteilen. Mit Semmelbröseln bestreuen und Butter in Flöckchen daraufsetzen.

2 Auflauf etwa 45 Min. auf der untersten Schiene backen, bis er leicht gebräunt ist und die Kartoffeln gar sind. Wird der Auflauf beim Backen zu trocken, eventuell noch etwas Crème double darauf verteilen. Auflauf nach Belieben mit Tomaten- und Gurkenscheiben servieren.

Långkål

GRÜNKOHL IN SAHNESAUCE

FÜR 4 PORTIONEN

3 l Gemüsebrühe

800 g Grünkohl, die Blätter von den Stielen gestreift

2 EL Butter

100 g Crème double

Salz und frisch gemahlener Pfeffer

Meine Familie stammt aus Schonen, der südlichsten Provinz Schwedens. Dort serviert man an Weihnachten Braunkohl. Bei uns gab es aber schon immer Grünkohl in Sahnesauce, eine Spezialität aus der Nachbarprovinz Halland. Am besten schmeckt Grünkohl nach dem ersten Frost. Dann wird er gründlich gewaschen, von den Stängeln befreit und je nach Rezept weiterverarbeitet.

1 Die Brühe in einem großen Topf zum Kochen bringen. Nach und nach den Grünkohl zugeben und etwa 30 Min. köcheln lassen.

2 Kohl abgießen (die Brühe eventuell auffangen und für eine Suppe verwenden), abtropfen lassen und hacken. Butter in einer großen Pfanne zerlassen und den Kohl darin anbraten.

3 Crème double hinzufügen und bei geringer Hitze zu einer dicken Sauce einkochen lassen. Mit Salz und Pfeffer abschmecken.

4 Den Grünkohl auf einem Weihnachtsbuffet servieren oder zum Weihnachtsschinken (siehe Seite 43) reichen.

J u l k o r v.

Av " Svärmor. " 1950.

3,o kg. oxkött, 2,5 kg. fläskspäck

3,o " fläskkött, 4,o " kokt,kall potatis

4,o l. kokt kall mjölk, 15 msk. salt

4 msk. salpeter , 2 1/2 msk. vitpeppar

1 1/2 msk. starkpeppar , 1 1/2 " ingfära

1,o " kryddpeppar , 3 " socker.

Beredning: Köttmassan arbetas väl ,under tillsats av kryddorna och mjölken i små mängder.
När smeten verkar pösig och jämn inarbetas späcket och potatisen under en kortare stund.
Smeten fylles i väl rengjorda fjälster.
Av denna sats blir det 12,o kg. korv.
Korven ingnides i tre dygn med 2 msk. salt, 1 msk. socker , 1 tsk. salpeter.
Rökas därefter i 2,o timmar.

Detta är Henrỳs " Älsklingskorv. "

Weihnachtswürste

Mehrmals im Jahr kaufte meine Mutter beim Metzger ein halbes Schwein. Als meine Tochter Sara noch klein war, half sie ihr manchmal beim Herstellen der *bräckekorv* (Bratwürste). Sara hatte noch keine Vorstellung davon, was eine Wurstpelle ist, hatte aber im Kindergarten schon Bekanntschaft mit zähen Materialien gemacht und tippte auf Schleim. Mit den fertigen Würsten gingen wir dann in eine Räucherei, wo wir sie z. B. über Eichen- oder Buchenholzrauch aromatisierten.

Für die Kinder dürfen auf einem weihnachtlichen Smörgåsbord (siehe Seite 83) *prinskorvar* – kleine Rauchwürste, die im Geschmack Frankfurter Würstchen ähneln – nicht fehlen. Würste herzustellen ist einfach und macht großen Spaß. Man kann mit verschiedenen Aromen und unterschiedlich großen Fleischanteilen experimentieren. In jedem Fall kann man sich darauf verlassen, dass keine Zusatzstoffe enthalten sind.

Risgrynsgröt och Ris à la Malta

MILCHREIS UND SAHNEMILCHREIS

FÜR 4 PORTIONEN

FÜR DEN MILCHREIS

150 g Milchreis
1 TL Salz
700 ml Milch
1 Zimtstange
1½ EL Zucker

FÜR DEN SAHNEMILCHREIS

1 Rezept Milchreis (siehe oben)
150 g Sahne
1 EL Zucker
2 TL Vanillezucker

Zur Winterzeit isst man in Schweden heißen Milchreis. Sahnemilchreis wird dagegen kalt gegessen und passt perfekt zu säuerlichen Beeren. Traditionell mischt man eine Mandel unter den fertigen Reis. Wer sie in seiner Portion vorfindet, der heiratet im neuen Jahr oder begegnet zumindest der Liebe seines Lebens, heißt es.

Wenn Sie den Reis an Heiligabend kochen, vergessen Sie nicht, dem Weihnachtsmann ein Schüsselchen vor die Haustür zu stellen, er freut sich immer darüber …

1 FÜR DEN MILCHREIS Reis mit Salz und 300 ml Wasser in einen Topf geben und aufkochen. Im geschlossenen Topf etwa 10 Min. köcheln lassen.

2 Milch und Zimt hinzufügen, umrühren und zugedeckt etwa 30 Min. bei geringer Hitze köcheln lassen, bis der Reis die Milch aufgesogen hat. Achtung: Er brennt leicht an.

3 Zucker unterrühren und den Reis lauwarm servieren.

4 FÜR DEN SAHNEMILCHREIS den Milchreis vollständig erkalten lassen. Sahne steifschlagen, Zucker und Vanillezucker einrieseln lassen. Sahne unter den kalten Reis heben.

Zum Anrichten nach Belieben 1 blanchierte Mandel im Reis verstecken und z. B. mit Brombeerkonfitüre (siehe Seite 202) oder mit frischen Beeren servieren.

Saftsås

FRUCHTSAUCE

FÜR 4 PORTIONEN

500 ml verdünnter Himbeersirup
1 EL Kartoffel- oder Maisstärke
100 g Himbeeren
Zucker nach Geschmack

Eine Fruchtsauce ist ideal zu Milchreis. Ich mache sie nicht zu süß, damit sie schön mit dem süßen Reis kontrastiert. Sollte Ihnen meine Sauce nicht süß genug sein, einfach noch etwas Zucker hinzufügen.

1 Den verdünnten Sirup in einen kleinen Topf gießen und die Stärke mit dem Schneebesen einrühren.

2 Unter Rühren erhitzen, bis die Sauce zu kochen beginnt. Topf vom Feuer nehmen, damit die Sauce nicht zähflüssig wird.

3 Himbeeren verlesen und mit Zucker unterrühren. Die Sauce lauwarm zu Milchreis oder Sahnemilchreis (siehe links) oder zu Quarkkuchen (siehe Seite 54) servieren.

MONARK

Nötchokladrutor

SCHOKO-HASELNUSS-KÜCHLEIN

FÜR EINE BACKFORM (35 X 25 CM, ETWA 30 STÜCK)

100 g weiche Butter
165 g Zucker
1 Ei
2 EL Kakaopulver
1 TL Vanillezucker
75 g Mehl
½ TL Backpulver
Fett für die Form
150 g Haselnüsse, gehackt

Zu einer Tasse Kaffee gibt es für mich nichts Besseres als diesen schwedischen Klassiker, der obendrein im Handumdrehen gebacken ist.

1 Den Backofen auf 200 °C (Umluft 180 °C) vorheizen. Butter, Zucker und Ei cremig aufschlagen. Kakao und Vanillezucker unterrühren. Mehl mit Backpulver mischen, unter die Buttermasse rühren und zu einem Rührteig verarbeiten.

2 Die Form mit Backpapier auslegen und fetten. Teig in die Form füllen, glattstreichen und mit Haselnüssen bestreuen. Im Ofen 10–12 Min. auf der mittleren Schiene backen.

3 Küchlein sofort in 30 gleich große Quadrate schneiden und in der Form auskühlen lassen.

Chokladbollar

SCHOKOKUGELN

FÜR 30–40 STÜCK
100 g kalte Butter
85 g Zucker
3 EL Kakaopulver
120 g Haferflocken
50 g Kokosraspeln

In meiner Kindheit war es für mich wie für viele meiner Altersgenossen das Größte, wenn ich diese Schokobällchen zubereiten durfte. Sie schmecken richtig gut, allerdings nur selbst zubereitet. Ich kann mich nicht daran erinnern, dass wir sie jemals gekauft hätten. Aber die gekauften schmecken nicht nur längst nicht so gut wie selbst gemachte, sondern sind außerdem viel zu groß. Achten Sie darauf, dass Ihre Kugeln schön klein werden.

1 Butter mit Zucker, Kakaopulver und Haferflocken vermengen.

2 Kokosraspeln auf einen Teller streuen. Aus der Buttermasse kleine Bällchen formen, in den Kokosraspeln wenden und im Kühlschrank fest werden lassen.

Ostkaka

QUARKKUCHEN

FÜR EINE OFENFESTE FORM (30 X 20 CM, 4 PORTIONEN)

Fett für die Form

3 Eier

85 g Zucker

150 g Crème double

150 ml Milch

500 g Hüttenkäse

100 g blanchierte Mandeln, gehackt

In Schweden isst man diesen Kuchen als Dessert oder Zwischenmahlzeit. Er stammt aus der südschwedischen Provinz Småland. Dort bereitet man ihn mit Lab zu, das ich hier durch Hüttenkäse ersetzt habe.

1 Den Backofen auf 175 °C (Umluft 155 °C) vorheizen und die Form fetten.

2 Eier mit Zucker cremig aufschlagen. Crème double und Milch unterrühren. Hüttenkäse und Mandeln unterziehen. Die Mischung in die Form füllen und 50–60 Min. backen, bis der Hüttenkäse leicht gestockt ist. Lauwarm mit Konfitüre oder Fruchtsauce (siehe Seite 49) servieren.

Nöttoppar

HASELNUSSMAKRONEN

FÜR ETWA 25 STÜCK
250 g Haselnusskerne
50 g Butter
110 g Zucker
1 TL Vanillezucker
1 Ei

Makronen esse ich für mein Leben gern. Und ich garantiere Ihnen: Selbst wenn Sie sie noch nie gebacken haben, sie werden Ihnen garantiert gelingen.

1 Den Backofen auf 175 °C (Umluft 155 °C) vorheizen und ein Backblech mit Backpapier belegen.

2 25 Haselnusskerne zum Verzieren beiseitelegen. Die restlichen Nüsse fein hacken.

3 Butter, Zucker, Vanillezucker und Ei mit den gehackten Nüssen zu einem glatten Teig verrühren. Mit einem Esslöffel etwa 25 Häufchen abstechen, auf das Blech setzen und jeweils 1 Haselnuss in die Mitte drücken.

4 Makronen etwa 15 Min. auf der mittleren Schiene backen. Das Gebäck dabei im Auge behalten, damit es nicht verbrennt. Auf einem Kuchengitter auskühlen lassen.

Semlor

FASTENBRÖTCHEN

FÜR ETWA 24 STÜCK

50 g frische Hefe
100 g Butter
400 ml Milch
110 g Zucker oder Glukosesirup
1 Prise Salz
1 kg Mehl
1 TL Backpulver
1 Ei, verquirlt
200 g grobe Mandelpaste (siehe Seite 58) oder Marzipan
200 g Sahne oder Crème double
3 EL Puderzucker

Diese Brötchen isst man am Faschingsdienstag, dem letzten Dienstag vor Beginn der Fastenzeit. Daher haben sie auch ihren Namen. In Bäckereien werden sie mittlerweile schon kurz nach Weihnachten verkauft.

Ein Tipp aus meiner Zeit in der Testküche des schwedischen Zuckerherstellers Sockerbolaget: Verwenden Sie Glukosesirup anstelle von Zucker, und rühren Sie den Teig nicht zu lange, damit er schön locker bleibt.

1 Hefe über einer großen Rührschüssel zerbröckeln. Butter in einem kleinen Topf zerlassen, Milch zugießen und lauwarm erwärmen. Über die Hefe gießen und rühren, bis sie sich aufgelöst hat. Zucker und Salz zufügen.

2 Mehl und Backpulver mischen. Nach und nach unter die Milchmischung rühren, bis ein glatter, fester Teig entstanden ist. Mit einem Küchentuch abdecken und etwa 30 Min. bei Zimmertemperatur gehen lassen.

3 Den Teig durchkneten, bis er elastisch ist und glänzt. Teig zu einem dicken, schmalen Rechteck ausrollen und in 24 gleich große Stücke teilen. Stücke zu Brötchen formen, auf ein mit Backpapier belegtes Blech legen und abgedeckt weitere 30 Min. gehen lassen. Inzwischen den Backofen auf 225 °C (Umluft 205 °C) vorheizen.

4 Brötchen mit Ei bepinseln und 6–8 Min. auf der mittleren Schiene goldbraun backen. Anschließend auf einem Kuchengitter mit einem Küchentuch abgedeckt auskühlen lassen. Mandelpaste in Scheiben schneiden. Sahne steifschlagen.

5 Von den kalten Brötchen einen Deckel abschneiden. Untere Hälften mit je 1 Scheibe Mandelpaste belegen und mit je 1 Klecks Sahne garnieren. Die Deckel darauflegen, mit Puderzucker bestäuben und sofort servieren.

Mandelmassa

GROBE MANDELPASTE

FÜR ETWA 370 GRAMM
200 g blanchierte Mandeln
60 g Puderzucker
110 g Zucker

Diese wunderbare Mandelpaste verwendet man gerne zum Verfeinern von Gebäck. Man kann sie beispielsweise über eine Obsttorte reiben oder Fastenbrötchen (siehe Seite 56) damit füllen. Sie schmeckt fast wie Marzipan, ist aber gröber und enthält mehr Mandeln als Zucker.

1 Mandeln in der Küchenmaschine fein mahlen. Puderzucker und Zucker hinzufügen und zu einer festen Paste verrühren. Dabei eventuell ein paar Tropfen kaltes Wasser hinzufügen.

2 Die Masse zu einer dicken Wurst formen und in Frischhaltefolie verpackt im Kühlschrank aufbewahren.

Surdegskultur

SAUERTEIG-STARTERKULTUR

1.TAG ABENDS
1 TL Honig
135 g Roggenmehl

2. TAG MORGENS
70 g Roggenmehl

2. TAG ABENDS
70 g Roggenmehl

3. TAG MORGENS
70 g Roggenmehl

In Schweden erlebt das Sauerteigbrot eine Renaissance. Diese Starterkultur eignet sich hervorragend für die so beliebten rustikalen Brote. In vielen Familien werden die Rezepte von Generation zu Generation weitergegeben.

1. TAG ABENDS Eine Rührschüssel mit kochendem Wasser ausspülen. 150 ml lauwarmes Wasser mit Honig und Mehl hineingeben und gut verrühren. Die Schüssel mit Frischhaltefolie abdecken und an einen vor Zugluft geschützten warmen Ort stellen.

2. TAG MORGENS Eine größere Rührschüssel mit kochendem Wasser ausspülen. Den Sauerteigansatz in die saubere Schüssel geben, 100 ml lauwarmes Wasser sowie 70 g Mehl hinzufügen und gut umrühren.

2. TAG ABENDS Den Vorgang des vorherigen Schritts wiederholen.

3. TAG MORGENS Den Vorgang des vorherigen Schritts wiederholen. Die Starterkultur ist fertig, wenn sie einen sauren Geruch verströmt und leicht perlt.

Um die Sauerteig-Starterkultur am Leben zu erhalten, muss sie kühl gelagert werden. Außerdem müssen Sie:
- einmal pro Woche 35 g Roggenmehl und 100 ml lauwarmes Wasser unterrühren;
- einmal im Monat 1 TL Honig unterrühren.

Rågbröd

ROGGENBROT

FÜR 1 GROSSES ODER 2 KLEINE BROTE

1. TAG

100 g Sauerteig-Starterkultur (siehe Seite 59)

140 g Roggenmehl

2. Tag

1 TL Salz

500 g Roggenmehl

425 g Weizenmehl

Es lohnt sich, Brot selbst zu backen und die zahllosen Rezepte aus aller Herren Länder auszuprobieren. Ich hole mir Anregungen in der Patisserie David bei David Fernandes (Foto rechts). Er backt in meiner Heimatstadt Malmö die herrlichsten Brote. Habe ich keine Zeit zum Selberbacken, kaufe ich mein Brot bei ihm. Sollten Sie nicht regelmäßig Sauerteigbrot backen, bleibt Ihnen nichts anderes übrig, als schnell eine neue Kultur anzusetzen und sich noch drei Tage zu gedulden, bis Sie dieses Rezept ausprobieren können.

1. TAG Die Starterkultur in einer Rührschüssel gründlich mit 70 g Roggenmehl und 100 ml lauwarmem Wasser verrühren. Mit Frischhaltefolie bedeckt 5 Std. ruhen lassen. Anschließend das restliche Roggenmehl und 100 ml lauwarmes Wasser unterrühren. Den Teig mit Frischhaltefolie abdecken und über Nacht ruhen lassen.

2. TAG Am nächsten Morgen 500 ml lauwarmes Wasser, Salz, Roggen- und Weizenmehl dazugeben und alles zu einem festen, glatten Teig verkneten. Abdecken und 1 Std. bei Zimmertemperatur gehen lassen. Den Teig kräftig durchkneten, bis er glatt ist und glänzt. Zu 1 großen oder 2 kleinen Laiben formen, auf ein Backblech legen und weitere 30 Min. gehen lassen. Inzwischen den Backofen auf 250 °C (Umluft 230 °C) vorheizen. Das Brot etwa 10 Min. backen. Die Temperatur auf 225 °C (Umluft 205 °C) reduzieren und das Brot weitere 30 Min. backen, bis es eine schöne goldbraune Kruste hat und hohl klingt, wenn man auf die Unterseite klopft. Mit einem Küchentuch abdecken und auf einem Kuchengitter auskühlen lassen.

Fullkornsbröd

VOLLKORNBROT

FÜR 3 KASTENFORMEN (20 CM LANG, 3 BROTE)

Fett und Mehl für die Formen

50 g frische Hefe

1 l lauwarme Milch

1 TL Salz

75 g Leinsamen, Sonnenblumen- oder gehackte Walnusskerne (nach Belieben)

500 g grober Roggenschrot

300 g Vollkornmehl

600 g Weizenmehl

Als Teenager verbrachte ich meine Ferien mit meiner besten Freundin und ihrer Familie in ihrem Sommerhaus auf Gotland. Ihre Mutter backte dieses Vollkornbrot oft zum Frühstück. Der Teig muss nicht geknetet werden, sondern wird sofort in die Formen gefüllt.

Auf dem Foto links sehen Sie oben mein Vollkornbrot und darunter mein Roggenbrot (siehe Seite 60).

1 Die Formen fetten und mit Mehl bestäuben. Hefe über einer Rührschüssel zerbröckeln. Die lauwarme Milch und 100 ml kaltes Wasser darübergießen. Nacheinander die übrigen Zutaten unterrühren, bis ein klebriger Teig entstanden ist.

2 Den Teig in die Formen füllen und 1 Std. bei Zimmertemperatur gehen lassen. Inzwischen den Backofen auf 225 °C (Umluft 205 °C) vorheizen.

3 Die Brote etwa 30 Min. im unteren Bereich des Ofens backen. Anschließend mit Alufolie abdecken und weitere 30 Min. backen. Brote sofort aus dem Ofen nehmen, auf ein Kuchengitter legen, mit einem Küchentuch abdecken und auskühlen lassen.

Frühling
VÅR

Frühling in Schweden

Endlich ist es abends wieder länger hell, die Tage werden länger, und die ersten Blumen kämpfen sich durch die Schneereste. Sobald die Krokusse blühen, glaubt man schon, der Frühling stehe vor der Tür. Aber dann schneit es doch noch einmal, und es scheint, als wollte das Schmuddelwetter nie aufhören. Wir verfolgen in Schweden diesen Kampf zwischen Winter und Frühling voller Ungeduld. Die Lokalzeitungen berichten über die ersten Frühlingsboten und nennen die Zeiten des Sonnenauf- und -untergangs. In der Morgendämmerung hört man die Amseln zwitschern, und die Waldlichtungen sind mit Anemonen übersät. Jedes Jahr pflücke ich ein paar von diesen zarten Frühlingsboten, die für mich den Lauf der Jahreszeiten markieren.

Im Frühling werden die Marktbesuche wieder zu einem Erlebnis. Um Ostern herum, wenn der Frühling den Winter endgültig vertrieben hat, ist es eine wahre Freude, an den kleinen Ständen mit frischen Landeiern und liebevoll gebundenen Frühlingssträußchen vorbeizuschlendern. An Karfreitag bemalt man in Schweden die Ostereier und beginnt mit den Vorbereitungen für das Osterbuffet. Nach dem langen Winter lechzen wir nach leichten Speisen mit Frühlingsgemüse. Meine Favoriten sind Brennnessel, Spargel und Rhabarber. Zuerst kommt die Brennnessel und bietet eine willkommene Gelegenheit, sich die Frühlingsluft um die Nase wehen zu lassen. Und wenn ich beim Gemüsehändler den ersten frisch gestochenen Spargel entdecke, ist mein Glück vollkommen. Es gibt einfach nichts Schöneres, als in eine zarte Spargelstange zu beißen. Und dann der Rhabarber – auf einmal ist er da und beherrscht den ganzen Gemüsegarten. Nachdem man monatelang schwere Puddings gegessen hat, ist der säuerliche Rhabarber mehr als willkommen. Ich stelle stets eine blühende Rhabarberstange in eine Vase – eine elegante Hommage an den Frühling.

Ostern in Schweden

Das Osterfest, ein christliches Fest mit heidnischem Ursprung, ist in Schweden ein großes Ereignis. Man stellt Birkenzweige in Vasen und schmückt sie mit österlichen Farben und Formen. Neben all den Basteleien aus der Schule habe ich im Laufe der Jahre eine interessante Eierbechersammlung zusammengetragen, die an jedem Ostern zur Geltung kommt. Ein altes Märchen erzählt von Hexen, die in der Nacht des Gründonnerstags auf ihren Besen zum Rendezvous mit dem Teufel fliegen, um mit ihm zu tanzen. Und so verkleiden sich an diesem Tag die Kinder als Hexen, die den Nachbarn Ostergrüße bringen und dafür mit Süßigkeiten belohnt werden. Das eigentliche Osterfest beginnt in Schweden bereits am Vorabend von Ostersonntag – wundern Sie sich also nicht, wenn es bereits am Karsamstag Ostereier gibt.

Äggtoddyparfait

EIERFLIP-PARFAIT

FÜR 4 PORTIONEN

4 Eigelb

4 EL Zucker

½ TL Vanillezucker

200 g Sahne

4 Eierschalen (z. B. von den Eigelben)

Fruchtsaft, Arrak-Punsch oder Brandy für die Eierschalen

In meiner Kindheit gab es vor dem Osteressen Eierflip. Wir Kinder haben ihn mit Orangensaft und die Erwachsenen mit Arrak-Punsch (siehe Seite 21) oder Brandy aromatisiert getrunken. Heute serviere ich ihn zur Freude meiner Gäste gerne als Parfait.

1 Eigelbe mit Zucker und Vanillezucker cremig aufschlagen. Sahne steifschlagen und vorsichtig unterheben.

2 Die Mischung auf 4 Förmchen oder Gläser verteilen und mindestens 3 Std. im Kühlfach gefrieren lassen.

3 Währenddessen Eierschalen ausspülen und die Häutchen ggf. entfernen.

4 Parfaits 10–15 Min. vor dem Servieren aus dem Kühlfach nehmen. Je 1 Eierschale daraufsetzen und mit Fruchtsaft, Arrak-Punsch oder Brandy füllen. Sofort servieren.

Hering

Der Hering gehört zu den bekanntesten Fischarten weltweit. Entlang der Westküste Schwedens gibt es riesige Heringsschwärme. Würde sich dort ein Fischer in seichtes Wasser stellen, wäre er bis zu den Knien von Heringen umgeben. Es gab aber auch Zeiten, in denen der Hering verschwunden zu sein schien.

In der schwedischen Küche spielt er eine wichtige Rolle, vor allem in Essig eingelegt, mit verschiedenen Gewürzmischungen, Kräutern und Aromen. Bei jedem Fest kommt er in irgendeiner Zubereitungsform auf den Tisch. Besonders beliebt ist der ursprünglich aus den Niederlanden stammende Matjes- oder »Jungfernhering« (siehe Matjes-Tarte, Seite 74), der mit einer Mischung aus Piment, Gewürznelke, Zucker und Zimt aromatisiert wird.

Matjessilltårta

MATJES-TARTE

FÜR EINE SPRINGFORM (Ø 24 CM, 8 PORTIONEN)

300 g dunkles Roggenbrot
50 g Butter, zerlassen
Fett für die Form
3 Blatt Gelatine
250 g Matjesfilets
1 Bund Schnittlauch, gewaschen
300 g Crème fraîche
200 g Quark
50 g Seehasenrogen

Diese Tarte eignet sich für ein Osterbuffet oder als Vorspeise. Sie gehört zu den *smörgåstårtor*, üppigen pikanten »Sandwichkuchen«, eine schwedische Spezialität, die gerne für viele Gäste zubereitet wird. Hier bildet der pikante salzige Hering einen wunderbaren Kontrast zum süßlichen Geschmack des Brots.

1 Brot im Küchenmixer fein mahlen und mit Butter vermengen. Die Form fetten, mit der Masse auslegen und diese gut andrücken.

2 Gelatine 5 Min. in kaltem Wasser einweichen. Inzwischen Matjesfilets hacken. Einige Schnittlauchhalme zum Garnieren beiseitelegen, den Rest in feine Röllchen schneiden.

3 Schnittlauchröllchen mit Crème fraîche, Quark und Matjes vermengen. Gelatine ausdrücken und bei geringer Hitze in einem kleinen Topf auflösen. Die Matjesmasse einrühren und dabei darauf achten, dass sich keine Klümpchen bilden.

4 Matjesmasse auf dem Tarteboden verteilen und mindestens 4 Std., am besten über Nacht, in den Kühlschrank stellen. Mit Seehasenrogen und Schnittlauchhalmen garniert servieren.

Dillstuvad potatis

KARTOFFELN IN DILL-SAHNE-SAUCE

FÜR 4 PORTIONEN

10 mittelgroße festkochende Kartoffeln, geschält
Salz
2 EL Butter
3 EL Mehl
200 g Sahne
200 ml Milch
frisch gemahlener Pfeffer
1 Bund Dill, fein gehackt

Kartoffeln in Dill-Sahne-Sauce mit Graved Lachs (siehe Foto Seite 76) sind inzwischen ein echter Klassiker, und das kommt nicht von ungefähr. Verwenden Sie festkochende Kartoffeln, mehlig kochende würden zerfallen. Und geizen Sie nicht mit Dill.

1 Kartoffeln am besten am Vortag in leicht gesalzenem Wasser knapp weich garen. Abgießen, vollständig auskühlen lassen und ggf. über Nacht in den Kühlschrank stellen.

2 Butter in einem kleinen Topf zerlassen und das Mehl darin anschwitzen. Dabei darauf achten, dass sich keine Klümpchen bilden. Sahne mit dem Schneebesen einrühren. Nach und nach die Milch zugießen und die Sauce unter Rühren etwa 5 Min. einkochen lassen. Mit Salz und Pfeffer abschmecken.

3 Kartoffeln in Scheiben schneiden und mit der Sahnesauce mischen. Vor dem Servieren den Dill untermischen.

Örtgravad lax

GRAVED LACHS MIT KRÄUTERN

FÜR 4–6 PORTIONEN

1 kg frische Lachsseite (mit Haut), tiefgefroren

2 EL gehackter Dill

2 EL gehackte Petersilie

1 EL gehackter Estragon

1 EL gehacktes Basilikum

100 g Zucker

75 g Salz

frisch gemahlener Pfeffer

Bereiten Sie Ihren gebeizten Lachs nach Möglichkeit selbst zu. Das ist nicht nur preiswerter, der Fisch schmeckt auch um Längen besser. Ich aromatisiere ihn mit Kräutern, Sie können stattdessen auch Fenchelsamen oder zerstoßene Wacholderbeeren nehmen. Dazu passen Kartoffeln in Dill-Sahne-Sauce (siehe Seite 75) und die Graved-Lachs-Sauce (siehe unten).

1 Lachs vor der Zubereitung mindestens 24 Std. gefrieren lassen. Anschließend aus dem Kühlfach nehmen und im Kühlschrank auftauen.

2 Lachs von sämtlichen Gräten befreien. Die übrigen Zutaten in einer Schüssel vermengen und die Mischung gleichmäßig auf dem Fisch verteilen. Mit Frischhaltefolie abdecken und 24 Std. im Kühlschrank marinieren.

3 Vor dem Servieren einen Großteil der Kräuter entfernen und den Lachs in dünne Scheiben schneiden.

Gravlaxsås

GRAVED-LACHS-SAUCE

FÜR 6 PORTIONEN

6 EL süßer Senf

2 EL Weißweinessig

3 EL Demerara-Zucker (Rohrzucker)

Salz und frisch gemahlener Pfeffer

200 ml gutes Olivenöl

1 Bund Dill, fein gehackt

Die Sauce schmeckt vorzüglich zu Graved Lachs, aber ebenso gut zu Krebsfleisch.

1 Senf, Essig, Zucker, Salz und Pfeffer in einer kleinen Schüssel verrühren. Öl in dünnem Strahl einlaufen lassen und kräftig mit dem Schneebesen unterschlagen, bis die Sauce dickcremig wird. Zum Schluss Dill unterrühren und 1 Tag im Kühlschrank durchziehen lassen.

Nässelsoppa

BRENNNESSELSUPPE

FÜR 4 PORTIONEN

3 große Handvoll zarte Brennnesselblätter
Salz
2 EL Butter
3 EL Mehl
1 l Gemüsebrühe
100 g Sahne
100 g Räucherlachs, in dünne Scheiben geschnitten
100 g Crème fraîche

Mit Brennnesseln tun Sie Ihrem Körper gleich doppelt Gutes: Das Sammeln der Pflanze verschafft Ihnen Bewegung und frische Luft – und die Suppe bildet eine leckere, vitamin- und mineralstoffreiche Mahlzeit.

1 Brennnesseln unter fließendem Wasser waschen und abtropfen lassen. In 300 ml leicht gesalzenem Wasser blanchieren, in ein Sieb abgießen, abtropfen lassen und das Wasser auffangen. Brennnesseln hacken.

2 Butter in einem Topf zerlassen. Mehl einrühren und anschwitzen, dabei darauf achten, dass sich keine Klümpchen bilden. Kochsud, Brühe und Sahne zugießen, etwa 5 Min. unter Rühren köcheln lassen und die Brennnesseln hinzufügen.

3 Lachs mit Crème fraîche mischen. Suppe auf Schalen verteilen und jeweils mit Lachs und Crème fraîche garnieren.

Nässelsufflé

BRENNNESSELSOUFFLÉ

FÜR EINE SOUFFLÉFORM (1½ l) ODER 4 PORTIONSFÖRMCHEN

Butter für die Form

1 EL Semmelbrösel

50 g Butter

5 EL Mehl

300 ml Milch

6 Eier

2 große Handvoll Brennnesselblätter, blanchiert und gehackt

Salz und frisch gemahlener Pfeffer

frisch geriebene Muskatnuss

Die ersten Brennnesseln gibt es bei uns rund um Ostern. Dann ziehen wir mit Gartenhandschuhen ausgerüstet los, um die jungen Blättchen zu pflücken, die kaum größer sind als Mäuseöhrchen. Seien Sie fleißig, dann können Sie einen Teil der Blätter für dieses raffinierte Soufflé verwenden – und den Rest schon blanchiert für eine spätere Verwendung einfrieren. Das Soufflé passt zu Räucherlachs oder Graved Lachs.

1 Den Backofen auf 175 °C (Umluft 155 °C) vorheizen und die Souffléform bzw. die Portionsförmchen mit Butter fetten und mit Semmelbröseln ausstreuen.

2 Butter in einem Topf zerlassen. Nach und nach das Mehl einrühren und anschwitzen. Milch zugießen und die Mischung unter ständigem Rühren etwa 5 Min. köcheln lassen. Den Topf vom Feuer nehmen.

3 Eier trennen. Eigelbe nacheinander unter die Mehlschwitze rühren. Brennnesseln gut ausdrücken und dazugeben. Mit Salz, Pfeffer und etwas Muskat würzen. Eiweiß steifschlagen und vorsichtig unterheben.

4 Die Mischung in die Form(en) füllen und das Soufflé etwa 30 Min. backen, bis es gestockt ist und eine goldbraune Kruste hat. Das Soufflé sofort servieren.

Grillad sparris med nöt- och ostsmak

SPARGEL MIT HASELNUSS-VINAIGRETTE UND KÄSEBRÖSELN

FÜR 4 PORTIONEN

7 EL Butter

2 EL Balsamico-Essig

4 EL Haselnüsse, fein gehackt

2 Scheiben Weißbrot vom Vortag

100 g Västerbotten-Käse oder reifer Cheddar

2 Bund grüner Spargel (etwa 30 Stangen)

Salz und frisch gemahlener Pfeffer

Jungen zarten Spargel serviere ich gerne roh mit Käse und Avocado-Dip zu einem guten Wein. Die dickeren Stangen schmecken gegrillt mit Haselnuss-Vinaigrette und Käsebröseln bestreut vorzüglich.

1 Den Backofengrill vorheizen oder den Holzkohlengrill anzünden. 4 EL Butter bei geringer Hitze zerlassen, aber nicht braun werden lassen. Butter durch eine Filtertüte seihen, mit Essig verrühren und die Haselnüsse untermischen.

2 Weißbrot im Küchenmixer mit Käse und 2 EL Butter zerkleinern. Die Mischung bei mittlerer Hitze in einer Pfanne knusprig braten.

3 Spargelstangen waschen und die holzigen Enden abschneiden. Stangen mit 1 EL zerlassener Butter bestreichen und rundum einige Min. grillen, bis sie gar, aber noch bissfest sind.

4 Spargel auf 4 Teller verteilen und mit der Vinaigrette beträufeln. Mit Käsebröseln sowie Salz und Pfeffer bestreut servieren.

Kycklingspett

HÄHNCHENSPIESSE

FÜR 4 PORTIONEN

8 Holzspieße

4 Hähnchenbrustfilets

8 Champignons

1 Stange Lauch, gewaschen

1 Paprikaschote, entkernt und gewaschen

8 kleine Tomaten, gewaschen

4 EL Öl

1 TL Sojasauce

Salz und frisch gemahlener Pfeffer

2 EL Honig

Bei uns wird das ganze Jahr über gegrillt. Unsere Nachbarn halten uns vermutlich für verrückt, wenn wir den Sonnenschirm zum Schutz vor Regen und Schnee aufspannen. Vor allem mein Mann Pelle widmet sich dieser Leidenschaft. Er hat ein untrügliches Gespür dafür, wann Fleisch gar ist.

1 Den Holzkohlengrill anzünden oder den Backofengrill auf mittlere Temperatur vorheizen. Holzspieße in Wasser einweichen, damit sie später nicht verbrennen.

2 Fleisch in mundgerechte Stücke schneiden. Pilze putzen. Lauch in 8 Stücke schneiden. Paprikaschote ebenfalls in mundgerechte Stücke schneiden.

3 Fleisch abwechselnd mit Pilzen, Lauch, Paprika und Tomaten auf die Spieße stecken. Öl mit Sojasauce verrühren, mit Salz und Pfeffer abschmecken.

4 Spieße mit dem Öl bestreichen und 15–20 Min. unter Wenden grillen. Das Fleisch ist gar, wenn beim Einschneiden ein klarer Saft herausläuft. Auf einer mit Honig beträufelten Platte servieren. Dazu passt Kartoffel-Fenchel-Salat (siehe Seite 116).

Smörgåsbord

Smörgåsbord ist eines der wenigen schwedischen Wörter, die in andere Sprachen, etwa das Deutsche oder Englische, Eingang gefunden haben. Es bezeichnet ein schwedisches Buffet, und darauf finden sich warme und kalte Speisen, die je nach Jahreszeit variieren. Es gibt Hering in allen denkbaren Variationen, Lachs, Hackfleischbällchen und sättigende Gratins. Restaurants bieten auf ihren Smörgåsbords bis zu sechzig Gerichte, wobei man neuerdings weniger Salate und dafür mehr eiweißreiche Speisen anbietet. In der Vorweihnachtszeit fallen Smörgåsbords besonders üppig aus und werden durch leckere Desserts abgerundet.

Schwedische Sandwiches

Ein schwedisches Sandwich ist genau genommen kein Sandwich, sondern ein üppig belegtes Butterbrot. *Smörgås* wird mit Schinken oder Käse belegt und zum Frühstück gegessen. In etwas kleinerer Form und mit einem edleren Belag wird es als Vorspeise – *sandvikare* – serviert. Meine Mutter servierte meist drei geschmacklich aufeinander abgestimmte *sandvikare*. Ich glaube, sie ließ sich dabei vom dänischen *smørrebrød* inspirieren, das wir bei unseren Ausflügen nach Kopenhagen genossen.

Sandvikare med rökt ren

SANDWICHES MIT GERÄUCHERTEM RENTIERFLEISCH UND MEERRETTICHCREME

FÜR 8 STÜCK

8 kleine oder 4 halbierte große Scheiben Roggenbrot (siehe Seite 60)

Butter

8 dünne Scheiben geräuchertes Rentier- oder Wildfleisch

2 EL frisch geriebener Meerrettich

100 g Crème fraîche

Salz und frisch gemahlener Pfeffer

einige Petersilienblätter

Für uns ist Rentierfleisch genauso normal wie Lamm- oder Rindfleisch. Da es sich großer Beliebtheit erfreut, werden Rentiere in Schweden gezüchtet. Geräuchertes Rentierfleisch wird klassisch mit Meerrettich kombiniert. Ersatzweise könnte man geräuchertes Wildfleisch nehmen.

Auf dem Foto sehen Sie rechts das Sandwich mit Rentierfleisch, darunter eines mit Käse (siehe Seite 87) und links eines mit gehacktem Ei (siehe Seite 86). Reichen Sie die drei als Vorspeise mit einem Glas Bier und einem Schnaps (siehe Seite 140/141).

1 Brotscheiben mit Butter bestreichen und mit Fleischscheiben belegen.

2 Etwas Meerrettich zum Garnieren beiseitestellen. Den Rest mit Crème fraîche verrühren, mit Salz und Pfeffer abschmecken. Jedes Sandwich mit 1 Klecks Meerrettichcreme verzieren und restlichen Meerrettich darüberstreuen. Sandwiches mit Petersilie garniert servieren.

Sandvikare med gubbröra

SANDWICHES MIT GEHACKTEM EI

FÜR 8 STÜCK

- 2 EL Butter
- 1 Zwiebel, in Ringe geschnitten
- 4 Eier, hartgekocht
- 2 Dosen Sprotten (à 125 g)
- 3 EL Crème double
- Salz und frisch gemahlener Pfeffer
- 8 Scheiben dunkles Roggenbrot
- Schnittlauch zum Garnieren

Dieses Sandwich wird gerne bei Studentenfeten und feuchtfröhlichen Männerabenden serviert, aber auch ich habe ein Faible dafür.

1 Butter in einem Topf zerlassen. Zwiebel darin glasig dünsten. Den Topf vom Feuer nehmen.

2 Eier pellen und hacken. Sprotten abtropfen lassen, hacken, vorsichtig mit Ei, Crème double und Zwiebeln vermengen, mit Salz und Pfeffer abschmecken.

3 Brotscheiben mit der Eiermasse bestreichen und mit Schnittlauch garniert servieren.

Sandvikare med ost

KÄSESANDWICHES

FÜR 8 STÜCK

8 Scheiben Weißbrot

Butter

8 kleine Scheiben Västerbotten-Käse oder reifer Cheddar

8 kleine Scheiben Kvibille oder dänischer Blauschimmelhartkäse

2 EL Quittengelee oder Rhabarberkonfitüre (siehe Seite 101)

Aller guten Dinge sind drei. So darf dieses Käsesandwich meiner Mutter nicht fehlen. Wenn Sie keinen schwedischen Käse bekommen, nehmen Sie reifen Cheddar.

1 Brotscheiben in Herzform zurechtschneiden oder mit einem Herzausstecher Herzen ausstechen.

2 Brotscheiben mit Butter bestreichen und mit Käse belegen.

3 Mit 1 Klecks Gelee oder Konfitüre garniert servieren.

Skagenröra

SCHWEDISCHER GARNELENCOCKTAIL

FÜR 4 PORTIONEN

500 g Garnelen, gekocht und geschält

6 EL Mayonnaise

6 EL Crème fraîche

½ Bund Dill

1 TL Zitronensaft

½ TL fein abgeriebene Bio-Zitronenschale

Salz und frisch gemahlener Pfeffer

½ TL Brandy (nach Belieben)

Zitronenschnitze zum Garnieren

Bei diesem Rezept handelt es sich um eine etwas leichtere Version eines Klassikers. Servieren Sie den Cocktail auf geröstetem Brot als Vorspeise oder in eine Ofenkartoffel gefüllt als Mittagessen. Und wer es besonders gut meint, kann das Ganze noch mit einem ordentlichen Klecks *kalix löjrom* (Felchenrogen) veredeln.

1 Einige Garnelen zum Garnieren beiseitelegen, den Rest grob hacken.

2 Mayonnaise und Crème fraîche verrühren. Die gehackten Garnelen untermischen.

3 Dill fein hacken, etwas zum Garnieren beiseitelegen. Dill, Zitronensaft und -schale unter den Cocktail rühren. Mit Salz, Pfeffer und Brandy abschmecken. Cocktail mit restlichen Garnelen, beiseitegelegtem Dill und Zitronenschnitzen garnieren. Dazu passen Toastscheiben oder Ofenkartoffeln.

Gratäng på hälleflundra

GRATINIERTER HEILBUTT NACH ART MEINER MUTTER

FÜR 4 PORTIONEN

Butter für die Form
600 g Heilbuttfilets, gewaschen
10 Champignons, in Scheiben geschnitten
1 Hummer
3 EL Butter
3 EL Mehl
300 g Crème double
50 ml trockener Weißwein
Salz und frisch gemahlener Pfeffer
50 g Käse, gerieben
3 EL Semmelbrösel
2 Stängel Dill
Zitronenschnitze zum Garnieren

Obwohl meine Mutter ein sehr gewissenhafter Mensch war, hat sie das Rezept für dieses herrliche Gericht – eines ihrer besten – leider nie aufgeschrieben. Man kann es als Vorspeise reichen, doch es ist so gehaltvoll, dass ich es am liebsten als Hauptgericht mit frisch gebackenen Rosenbrötchen (siehe rechts) serviere.

1 Den Backofen auf 200 °C (Umluft 180 °C) vorheizen. Eine große Auflaufform mit Butter fetten, den Heilbutt darin verteilen und mit Pilzen belegen.

2 Hummerfleisch auslösen, das Fleisch aus den Scheren zum Garnieren beiseitelegen. Übriges Hummerfleisch auf den Champignons verteilen.

3 Für die Sauce Butter in einem Topf zerlassen. Erst Mehl, dann Crème double und zum Schluss Wein einrühren. Sauce etwa 5 Min. unter Rühren köcheln lassen, mit Salz und Pfeffer abschmecken.

4 Sauce über den Fisch gießen. Käse und Semmelbrösel mischen, das Gratin damit bestreuen und etwa 30 Min. auf der untersten Schiene im Ofen backen.

5 Mit dem restlichen Hummerfleisch, dem Dill und den Zitronenschnitzen garnieren. Dazu passen warme Rosenbrötchen (siehe rechts).

Rosenbröd

ROSENBRÖTCHEN

FÜR 30 STÜCK

50 g frische Hefe
2 EL Butter
500 ml Milch
1 TL Salz
etwa 1,25 kg Mehl
1 Ei, verquirlt
1 EL Mohn

Ihren Namen verdanken diese Brötchen der Tatsache, dass sie sich beim Backen wie Rosenblüten öffnen. Meine Mutter reichte sie zu leichten Hauptgerichten oder einer Tasse Kaffee. Sie eignen sich auch hervorragend für ein Buffet.

1 Hefe über einer großen Rührschüssel zerkrümeln. Butter bei geringer Hitze in der Milch zerlassen. Die Mischung lauwarm über die Hefe gießen. Hefe in der Milch unter Rühren auflösen.

2 Salz und so viel Mehl hinzufügen, dass ein elastischer weicher Teig entsteht, der glatt ist und glänzt. Abgedeckt etwa 30 Min. bei Zimmertemperatur an einem vor Zugluft geschützten Ort gehen lassen.

3 Den Teig nochmals durchkneten und in 3 gleich große Portionen teilen. Zu langen Würsten rollen und diese in je 10 Stücke schneiden. Stücke zu Kugeln formen, etwas flachdrücken, auf ein mit Backpapier belegtes Backblech legen und etwa 20 Min. gehen lassen. Inzwischen den Backofen auf 250 °C (Umluft 230 °C) vorheizen.

4 Jedes Brötchen kreuzweise einritzen. Die Oberfläche mit Ei bepinseln und mit Mohn bestreuen. Brötchen etwa 10 Min. auf der mittleren Schiene goldbraun backen und auf einem Kuchengitter auskühlen lassen.

Kokt gädda med pepparrot

POCHIERTER HECHT MIT MEERRETTICH

FÜR 4 PORTIONEN

1 ganzer Hecht (etwa 1,5 kg) oder 800 g Hechtfilets

½ Zwiebel, gehackt

4 Stängel Dill

Salz

Saft von ½ Zitrone

75 g Butter

1 Stück (4 cm) frischer Meerrettich, gerieben

Mein Mann ist in einem bezaubernden Ort am Sövdesjön-See in der Provinz Schonen aufgewachsen. Durch ihn habe ich meine Vorliebe für Süßwasserfische entdeckt. Hecht schmeckt meiner Meinung nach am besten pochiert, mit frisch geriebenem Meerrettich und zerlassener Butter. Dazu passen neue Kartoffeln. Diese Zubereitung eignet sich für alle Fische mit festem weißem Fleisch.

1 Den Hecht ausnehmen und schuppen. Filets waschen und mit Küchenpapier vorsichtig trockentupfen. In einen großen Topf oder eine hohe Pfanne legen und knapp mit Wasser bedecken. Wassermenge dabei abmessen.

2 Zwiebel, Dill, ½ TL Salz pro Liter Wasser und Zitronensaft hinzufügen. Wasser bei mittlerer Hitze zum Kochen bringen. Fisch etwa 10 Min. bei geringer Hitze pochieren, bis das Fleisch weiß ist und sich mühelos von der Mittelgräte lösen lässt.

3 Inzwischen Butter bei geringer Hitze zerlassen. Dabei darauf achten, dass sie nicht braun wird. Den Fisch vorsichtig aus dem Topf heben und auf einer großen Platte oder 4 vorgewärmten Tellern anrichten. Fisch mit zerlassener Butter beträufeln und mit Meerrettich garnieren. Dazu schmecken gekochte Kartoffeln, Karotten und Zuckerschoten.

Fläskpannkaka

SPECKPFANNKUCHEN-AUFLAUF

FÜR 4 PORTIONEN

180 g Mehl
1 Prise Salz
600 ml Milch
3 Eier
3 EL Butter, zerlassen
Fett für die Form
300 g Bacon (Frühstücksspeck)

Das Rezept für dieses schnelle Gericht verdanke ich meiner Tochter Sara. Sie bereitete es zum ersten Mal zu, um unserem italienischen Austauschschüler ein typisch schwedisches Alltagsgericht zu präsentieren. Besonders lecker schmeckt dieser Auflauf mit Preiselbeerkonfitüre und geraspelten rohen Karotten.

1 Den Backofen auf 250 °C (Umluft 230 °C) vorheizen. Mehl und Salz in eine Rührschüssel geben, nach und nach die Milch einrühren. Dann Eier und zum Schluss die Butter unterrühren.

2 Eine große Auflaufform fetten. Speck in Würfel schneiden, auf dem Boden der Form verteilen und 5 Min. im Backofen rösten. Den Teig darübergießen und das Ganze etwa 20 Min. goldbraun backen. Mit Preiselbeerkonfitüre (siehe Seite 176) und geraspelten rohen Karotten sofort servieren.

Lammfärsjärpar med fårostsås

LAMM-KROKETTEN MIT KÄSESAUCE

FÜR 4 PORTIONEN

2 EL Semmelbrösel

½ rote Zwiebel, gerieben

600 g Lammhackfleisch

1 Ei, verquirlt

Salz und frisch gemahlener Pfeffer

Fett zum Braten

FÜR DIE SAUCE

100 g Feta (Schafskäse)

300 g Crème fraîche

½ EL frische Rosmarinnadeln

Salz und frisch gemahlener Pfeffer

Schafe werden in Schweden vor allem in der im Südosten gelegenen Region Österlen gehalten. Sollten Sie die Möglichkeit dazu haben, kaufen Sie Ihr Lammfleisch und den Schafskäse direkt beim Bauern. Ansonsten bekommen Sie beides auch in jedem gut sortierten Supermarkt.

1 Semmelbrösel in 3 EL kaltem Wasser 5 Min. einweichen, bis sie das Wasser vollständig aufgesogen haben. Zwiebel, Hack und Ei hinzufügen, mit Salz und Pfeffer würzen. Alle Zutaten sorgfältig vermengen.

2 Mit einem Esslöffel kleine Portionen von der Masse abstechen, zu länglichen Kroketten formen und in heißem Fett goldbraun braten.

3 Für die Sauce Käse in einen kleinen Topf bröckeln. Mit Crème fraîche und Rosmarin kurz aufkochen. Den Topf vom Feuer nehmen. Die Sauce mit Salz und Pfeffer abschmecken. Die Lamm-Kroketten mit der Sauce servieren. Dazu passen geröstete Kartoffelspalten und Blattsalat.

MONARK

Rabarberpaj

RHABARBER-CRUMBLE

FÜR 4–6 PORTIONEN

Fett für die Form

700 g Rhabarber, in Stücke geschnitten

4 EL Zucker

2 EL Kartoffel- oder Maisstärke

90 g Mehl

60 g Haferflocken

75 g Butter

Mit dem Frühling kommen in meinem Garten auch die ersten Rhabarberknospen. Dann dauert es nicht mehr lang, bis die Stängel für einen herrlichen Crumble geerntet werden können. Crumble schmeckt besonders gut mit Vanillesauce, Schlagsahne oder Eiscreme und kann zum Kaffee oder als Dessert serviert werden.

1 Den Backofen auf 225 °C (Umluft 205 °C) vorheizen. Eine mittelgroße Auflaufform fetten. Rhabarber darin verteilen, mit 3 EL Zucker bestreuen und mit Stärke bestäuben.

2 Mehl mit Haferflocken und dem restlichen Zucker mischen. Butter unterkneten, so dass Streusel entstehen.

3 Streusel auf dem Rhabarber verteilen. Crumble etwa 20 Min. auf der mittleren Schiene im Ofen goldbraun backen.

Rabarber under nötmaräng

RHABARBER MIT HASELNUSSBAISER-HAUBE

FÜR 4 PORTIONEN

Fett für die Förmchen

600 g Rhabarber, in Stücke geschnitten

140 g Demerara-Zucker (Rohrzucker)

½ TL Vanillezucker

2 TL Kartoffel- oder Maisstärke

75 g Haselnüsse

2 Eiweiß

Säuerlicher Rhabarber und süßes Baiser ergeben eine himmlische Geschmackskombination. Ein Dessert ganz nach meinem Geschmack. Es ist kinderleicht zubereitet und macht trotzdem etwas her – das ist meine Art des Kochens!

1 Den Backofen auf 175 °C (Umluft 155 °C) vorheizen. 4 ofenfeste Förmchen fetten. Rhabarber darin verteilen und mit 80 g Zucker, Vanillezucker und Stärke bestreuen. Etwa 10 Min. auf der mittleren Schiene im Ofen backen. Inzwischen Haselnüsse in der Küchenmaschine fein mahlen.

2 Eiweiß steifschlagen, dabei restlichen Zucker einrieseln lassen und weiterschlagen, bis der Eischnee weiße, glänzende Spitzen zieht. Nüsse vorsichtig unterheben. Förmchen aus dem Ofen nehmen, die Temperatur auf 225 °C (Umluft 205 °C) erhöhen.

3 Baiser auf dem Rhabarber verteilen und etwa 5 Min. auf der untersten Schiene backen, bis es leicht gebräunt ist. Warm servieren. Dazu schmeckt Vanilleeis.

Rabarbermarmelad

RHABARBERKONFITÜRE

FÜR ETWA 1 KILOGRAMM

1 kg Rhabarber, in kleine Stücke geschnitten

Saft von 1 Zitrone

1 EL gemahlener Ingwer

750 g Zucker

Es geht nichts über selbst gemachte Frühstückskonfitüre! Diese Marmelade, bei der der scharfe Ingwer wunderbar mit dem säuerlichen Rhabarber harmoniert, schmeckt auch zu reifem Käse. Probieren Sie sie z. B. zum Käsesandwich auf Seite 87.

1 Rhabarber mit Zitronensaft, Ingwer und Zucker in einen großen Koch- oder Marmeladentopf geben und abgedeckt einige Std., am besten über Nacht, an einem kühlen Ort ziehen lassen.

2 Rhabarber im offenen Topf bei mittlerer Hitze zum Kochen bringen und etwa 15 Min. köcheln lassen, bis er zusammenfällt. Dabei gelegentlich umrühren, damit er nicht anbrennt. Konfitüre in sterilisierte Schraubdeckelgläser füllen und verschließen.

Sockerkaka

BISKUITKUCHEN

FÜR EINE SPRINGFORM (Ø 20 CM)

300 g Eier (mit Schale gewogen)

300 g Zucker

150 g Mehl

Fett und Mehl für die Form

Als ich noch ein Kind war, machte meine Mutter häufig Biskuitkuchen, und als meine Tochter Sara klein war, ließ sie sich von ihrer Großmutter immer einige Stücke für zu Hause einpacken. Dieser saftige Biskuitkuchen ist auf der Oberseite fast wie Baiser. Man kann ihn waagerecht halbieren und mit Schlagsahne und Beeren füllen und verzieren.

1 Den Backofen auf 175 °C (Umluft 155 °C) vorheizen. Eier und Zucker schaumig schlagen. Dann das gesiebte Mehl vorsichtig unterheben.

2 Die Form fetten und mit Mehl bestäuben. Den Teig einfüllen und etwa 35 Min. backen. Die Garprobe mit einem Holzstäbchen machen: Holzstäbchen in den Teig stechen. Bleibt das Stäbchen sauber, ist der Biskuit fertig.

3 Kuchen sofort auf ein Kuchengitter stürzen und auskühlen lassen. Biskuitkuchen mit Schlagsahne und frischen Beeren servieren.

Chokladrulltårta

SCHOKO-BISKUITROLLE

FÜR 8–10 STÜCKE

3 Eier
165 g Zucker
75 g Kartoffel- oder Maisstärke
1 EL Mehl
2 EL Kakaopulver
½ TL Vanillezucker
1 TL Backpulver
Zucker zum Bestreuen

FÜR DIE FÜLLUNG

150 g weiche Butter
2 Eigelb
110 g Zucker
½ TL Vanillezucker

Als Hauswirtschaftslehrerin brachte ich meinen Schülern immer bei, wie diese Biskuitrolle gebacken wird. Der Teig ist im Handumdrehen gerührt, und die Backzeit beträgt fünf Minuten. Das ideale Gebäck also, wenn sich zur Kaffeezeit spontan Besuch einstellt oder Sie Lust auf ein Stück Kuchen bekommen.

1 Den Backofen auf 250 °C (Umluft 230 °C) vorheizen. Ein Backblech mit Backpapier auslegen und das Papier an den Rändern hochschlagen.

2 Eier und Zucker schaumig schlagen. Stärke, Mehl, Kakao, Vanillezucker und Backpulver mischen und vorsichtig unter die Eiermasse heben. Den Teig auf dem Blech verstreichen und 5 Min. backen.

3 Biskuit auf ein Kuchengitter stürzen und das Papier abziehen. Wenn es sich nicht ablöst, eventuell kurz mit einem feuchten Küchentuch anfeuchten. Küchentuch mit etwas Zucker bestreuen, den Biskuit darauflegen, längs aufrollen und auf dem Kuchengitter auskühlen lassen.

4 Die Zutaten für die Füllung verrühren. Den Biskuit entrollen und mit der Füllung bestreichen, dabei rundum einen schmalen Rand frei lassen. Biskuit längs aufrollen, in Scheiben schneiden und servieren.

Våfflor

WAFFELN

FÜR 6–8 STÜCK
100 g Butter
400 ml Milch
1 TL Backpulver
180 g Mehl
evtl. Butter für das Waffeleisen

In Schweden isst man Waffeln traditionell zu Mariä Verkündigung am 25. März. Einmal wollte uns mein Vater, der sonst nie kochte, an diesem Tag mit Waffeln überraschen. Das Experiment endete damit, dass er behauptete, das hübsche alte Waffeleisen meiner Mutter ruiniere alles, weil der Teig darin kleben bleibe – und das, obwohl es bis dahin dreißig Jahre lang einwandfrei funktioniert hatte … Ich kann Sie aber beruhigen: Eigentlich ist Waffelnbacken kinderleicht.

1 Butter zerlassen, dabei darauf achten, dass sie nicht braun wird. Etwas abkühlen lassen.

2 200 ml Milch, Backpulver und Mehl zu einem glatten Teig verrühren. Dann restliche Milch und Butter hinzufügen.

3 Waffeleisen vorheizen und ggf. mit Butter fetten. Etwas Teig hineingeben und goldbraun backen.

4 Waffeln sofort warm servieren. Dazu schmecken frische Beeren oder Konfitüre mit Schlagsahne oder Vanilleeis.

Kringlor

ZUCKERKRINGEL

FÜR ETWA 60 STÜCK
200 g Butter
200 g Mehl
110 g Zucker
Zucker zum Wenden

In alten schwedischen Filmen und Büchern, vor allem von Astrid Lindgren, hängt über den Bäckereien stets ein Schild in Form eines Zuckerkringels. So war es auch in der kleinen Stadt, in der ich aufgewachsen bin, und in der Schule sangen wir ein Lied darüber. Die altmodischen Kringel, die ich gerne zu Besprechungen mitbringe, entsprechen den italienischen *biscotti*: Sie schmecken vorzüglich zu Caffè latte.

1 Butter, Mehl und Zucker mit 50 ml kaltem Wasser zu einem Teig verarbeiten. Teig etwa 30 Min. im Kühlschrank ruhen lassen. Inzwischen den Backofen auf 200 °C (Umluft 180 °C) vorheizen.

2 Den Teig in 2 gleich große Portionen teilen. Jede zu einer langen Rolle formen und in 30 gleich große Stücke schneiden.

3 Jedes Stück zu einer langen Rolle formen und zu einem Kringel zusammendrehen. Im Zucker wenden, auf ein mit Backpapier ausgelegtes Backblech legen und etwa 8 Min. auf der mittleren Schiene im Ofen backen. Auf einem Kuchengitter auskühlen lassen.

In einer luftdicht verschlossenen Dose können die Kringel etwa 1 Woche aufbewahrt werden. Man kann sie auch einfrieren; zum Auftauen brauchen sie nur ein paar Minuten.

Kladdkaka

SAFTIGER SCHOKOLADENKUCHEN

FÜR EINE KASTENFORM (25 CM LANG, 8 PORTIONEN)

Fett für die Form

100 g Zartbitterschokolade (mindestens 70 % Kakao)

100 g Butter

2 Eier

165 g Zucker

90 g Mehl

1 TL Vanillezucker

1 TL Backpulver

Von diesem köstlichen Schokoladenkuchen kann ich nicht genug bekommen. Und jedes Mal staune ich aufs Neue, wie einfach seine Herstellung ist. Wichtig ist aber, dass Sie eine hochwertige Schokolade verwenden.

1 Den Backofen auf 175 °C (Umluft 155 °C) vorheizen. Die Form fetten und mit Backpapier auslegen. Etwas Schokolade zum Garnieren beiseitelegen, den Rest grob hacken. Gehackte Schokolade und Butter über dem heißen Wasserbad schmelzen, dabei darf das Wasser nur leicht köcheln. Vom Wasserbad nehmen und etwas abkühlen lassen.

2 Eier und Zucker cremig rühren. Mehl, Vanillezucker und Backpulver mischen.

3 Erst die Schokolade, dann die Mehlmischung unter die Eier ziehen, bis ein glatter Teig entstanden ist. Teig in die Form füllen und 15–20 Min. auf der mittleren Schiene backen. Der Kuchen ist fertig, wenn er am Rand durchgebacken und in der Mitte noch etwas weich ist. Den Kuchen in der Form vollständig auskühlen lassen, sonst lässt er sich später nicht schneiden. Inzwischen restliche Schokolade raspeln.

4 Den Kuchen aus der Form nehmen und mit den Schokoladenraspeln garniert servieren. Dazu passt Schlagsahne, Crème fraîche oder griechischer Joghurt.

Kladdkaka 8 bitar

100 g choklad
100 g smör
2 ägg
1,5 dl strösocker
1,5 dl vetemjöl
1 tsk vaniljsocker
1 krm bakpulver

Hacka chokladen, smält med smör
Vispa ägg och socker. Blanda
samman alla torra ingredienser.
Rör samman choklad- & äggsmet,
sen torrvarorna, till en klumpfri
smet.
Häll i smord, bröad rund form
och grädda 15-20 minuter.
Låt stelna & svalna.

Sommer
SOMMAR

Sommer in Schweden

Die schwedischen Sommer sind in der Regel kurz. Deshalb genießen wir die sommerlichen Aktivitäten und den Urlaub in vollen Zügen. Viele nehmen gleich vier Wochen Urlaub, die sie in einem Sommerhaus auf dem Land verbringen. Da im Norden noch bis in den Juni hinein Schnee liegt und der Herbst im Oktober beginnt, ist es nicht verwunderlich, dass jeder die Wärme und die Helligkeit auskosten will. Ich habe in Umeå in Nordschweden studiert. Seit ich die Winter dort erlebt habe, weiß ich die langen Sommer bei uns im Süden zu schätzen. Es muss schon stürmen und in Strömen regnen, bevor die Schweden kapitulieren und Mittsommer nicht draußen feiern. Man sagt scherzhaft, dass erst wenn der Regen den Schnaps verwässert, es an der Zeit sei, nach drinnen zu gehen.

Wenn es ein Aroma gibt, das für mich den schwedischen Sommer symbolisiert, dann ist es Dill. Dieses unscheinbare, struppige Kraut wird im Sommer zum Star der Küche. Er wird zwar das ganze Jahr über verwendet, frisch gibt es ihn aber nur zur Zeit der Kartoffelernte. Die Kartoffeln werden mit etwas Dill gekocht und vor dem Servieren mit fein gehacktem Dill bestreut. Er ist Bestandteil von Mixed Pickles und vielen leichten Sommer- und Fischsaucen. Ende August, wenn die Zeit der Krebsessen kommt, ist er bereits in die Höhe geschossen und hat seine Samenkronen entfaltet. Krebse kocht man mit reichlich Dill und garniert sie mit den hübschen Blüten.

Aber auch Beeren haben jetzt Saison. Erst Erdbeeren, dann folgen Himbeeren, Johannisbeeren, Stachelbeeren und Blaubeeren. Im Sommer esse ich fast täglich Beeren in irgendeiner Form und manchmal auch pur. Besonders gerne mag ich köstliche sonnengereifte Walderdbeeren. Angesichts der Fülle von Beeren erwacht bei so manchem der Sammlerinstinkt. Schließlich kocht man in dieser Zeit Marmeladen und Fruchtsirupe, um sie an langen, kalten Wintertagen zu genießen. Viele meiner Landsleute pflücken ihre Erdbeeren auf Selbstpflückplantagen und verarbeiten sie gleich körbeweise zu Konfitüre, damit diese bis zum nächsten Sommer reicht. Sie schmeckt köstlich zu Pfannkuchen, Waffeln, Milchreis und Scones.

Grillrökt lax

GEGRILLTER RÄUCHERLACHS

FÜR 4 PORTIONEN

800 g Lachsfilet mit Haut
2 TL Salzflocken
2 EL Rapsöl
3 EL Senf
2 EL Honig
3 EL gehackte Kräuter (z. B. Estragon, Petersilie und Basilikum)
2 EL Semmelbrösel

Dieser köstliche Lachs bekommt seinen feinen Rauchgeschmack, indem man Holz zur Holzkohle gibt und den Grill mit einem Deckel abschließt. Dafür eignet sich jedes unbehandelte Holz, wir verwenden gewöhnlich ein paar Zweige unseres Apfelbaums. Nach dem Anzünden des Grills wird er mit dem Deckel geschlossen, damit sich Rauch entwickeln kann. Dann den Lachs auf den Rost legen und den Grill wieder schließen, damit der Fisch das Raucharoma annimmt. Bei unseren Sommerpartys ist der Lachs stets das Highlight, besonders wenn ich dazu Kartoffel-Fenchel-Salat serviere.

1 Das Holz etwa 1 Std. vor dem Anzünden des Grills in Wasser legen. Den Grill anzünden. Kurz bevor Sie mit dem Grillen beginnen, das zerkleinerte Holz auf der Holzkohle verteilen und den Grill mit dem Deckel schließen, damit sich Rauch entwickeln kann.

2 Lachs mit den Salzflocken bestreuen und mit der Hautseite nach unten auf ein Stück Alufolie legen. Die Folie sollte nur wenig größer sein als der Fisch. Die übrigen Zutaten verrühren und den Lachs damit bestreichen.

3 Lachs mit einem möglichst großen Abstand zur Glut auf den Rost legen und etwa 10 Min. im geschlossenen Grill räuchern, bis er gerade gar ist. Dazu schmeckt Kartoffel-Fenchel-Salat (siehe Seite 116).

Potatis- och fänkålssallad

KARTOFFEL-FENCHEL-SALAT

FÜR 4 PORTIONEN

1 kg neue Kartoffeln

Salz

1 Fenchelknolle, in feine Streifen geschnitten

2 Frühlingszwiebeln, in feine Ringe geschnitten

1 orange Paprikaschote, in feine Streifen geschnitten

100 ml Zitronensaft

75 ml gutes Olivenöl

frisch gemahlener Pfeffer

Dieser Kartoffelsalat eignet sich hervorragend für ein Buffet oder eine Grillparty als Beilage zu gegrilltem Fleisch oder Fisch. Er ist im Handumdrehen fertig und kann problemlos im Voraus zubereitet werden. Statt mit fetter Mayonnaise mache ich ihn am liebsten mit einer Vinaigrette oder einem Zitronendressing. Diese Variante mit knackigem Fenchel passt gut zu gegrilltem Räucherlachs (siehe Seite 115) und zu Hähnchen.

1 Kartoffeln waschen und abbürsten. In leicht gesalzenem Wasser kochen, bis sie gerade gar sind. Abkühlen lassen und der Länge nach halbieren.

2 Kartoffeln in einer großen Salatschüssel mit Fenchel, Frühlingszwiebeln und Paprika mischen. Zitronensaft mit dem Öl kräftig verrühren, mit Salz und Pfeffer abschmecken.

3 Das Dressing über die Kartoffel-Gemüse-Mischung gießen und unterheben. Salat einige Std. durchziehen lassen.

Västerbottenflarn

KÄSEPLÄTZCHEN

FÜR 4 PORTIONEN ALS AMUSE-GUEULE

200 g Västerbotten-Käse (oder ein anderer reifer Hartkäse), gerieben

16 Kalamata-Oliven, in Ringe geschnitten

Wenn Freunde zum Abendessen kommen, serviere ich anstelle einer Vorspeise gerne eine Auswahl von Amuse-Gueules, die sie mit einem Glas Wein genießen können. Das gibt mir die Zeit, letzte Hand ans Essen zu legen. Besonders beliebt sind diese Käseplätzchen. Ich kann gar nicht so schnell schauen, wie sie verputzt sind. Sollten Sie das Glück haben, dass einige übrig bleiben – sie passen auch vorzüglich zu Salat und Fisch.

Västerbotten-Käse eignet sich hervorragend zum Kochen. Sie können ihn aber auch durch Parmesan ersetzen.

1 Den Backofen auf 200 °C (Umluft 180 °C) vorheizen und ein Backblech mit Backpapier auslegen.

2 Käse in Häufchen auf das Blech setzen. Dabei auf genügend Abstand zwischen den Häufchen achten, da der Käse beim Backen verläuft. Jedes Häufchen mit 1 Olivenring garnieren.

3 Die Plätzchen etwa 5 Min. auf der mittleren Schiene backen, bis der Käse geschmolzen und leicht gebräunt ist. Auf einem Kuchengitter auskühlen lassen.

Spickeskinka snacks

SCHINKENCHIPS

FÜR 4 PORTIONEN ALS AMUSE-GUEULE

200 g geräucherter Pökelschinken, in Scheiben

Dieser leicht zuzubereitende Snack ist eine schmackhafte Alternative zu fertig gekauften Knabbereien. Ich serviere ihn gerne mit einem Glas Wein vor einem Abendessen oder bei Cocktailpartys. Eventuelle Reste lassen sich ausgezeichnet für Nudelsalat verwenden. Achten Sie beim Einkauf unbedingt auf Qualität und die regionale Herkunft des Schinkens.

1 Den Backofen auf 175 °C (Umluft 155 °C) vorheizen. Die Schinkenscheiben auf einem mit Backpapier ausgelegten Backblech verteilen. Im Ofen 3–5 Min. auf der mittleren Schiene rösten, bis die Scheiben außen knusprig und innen leicht gebräunt sind. Dabei darauf achten, dass sie nicht verbrennen.

2 Abkühlen lassen, dabei wird der Schinken hart. In mundgerechte Stücke brechen und servieren.

Grillade morötter

GEGRILLTE KAROTTEN

FÜR 4 PORTIONEN

1 Bund junge Karotten, gewaschen und gebürstet

3 EL Butter

1 EL frische Kräuter

1 TL Meersalz

100 ml trockener Weißwein

Junge Karotten sind etwas Feines. Sie sind so zart, dass sie nicht einmal geschält werden müssen, und passen wunderbar zu fast allen Grillgerichten. Wenn man sie ebenfalls auf dem Grill gart, spart man sich obendrein einige Gänge in die Küche.

1 Den Holzkohlen- bzw. Backofengrill vorheizen. Karotten auf ein großes Stück Alufolie legen. Butter in Flöckchen daraufsetzen und mit Kräutern und Meersalz bestreuen.

2 Die Ränder der Folie hochklappen und den Wein über das Gemüse gießen. Die Folie verschließen und auf den Holzkohlengrill an eine nicht so heiße Stelle bzw. unter den Backofengrill legen. Je nach Größe der Karotten 15–20 Min. garen.

3 Päckchen vom Grill bzw. aus dem Ofen nehmen. Karotten auf einer Platte anrichten. Mit dem Garsud begießen und servieren.

Rostade rödbetor med fetaostkräm

GEBACKENE ROTE BETE MIT FETACREME

FÜR 4 PORTIONEN

Fett für die Form

1 kg Rote Bete, geschält und in Spalten geschnitten

1 TL Meersalz

200 g Feta (Schafskäse)

200 g Crème fraîche

1 TL frische Rosmarinnadeln

Rote Bete und Schafskäse sind eine wundervolle Kombination: das Gemüse einfach rösten und mit einem Klecks Fetacreme garnieren! Das schmeckt vorzüglich zu Fleisch und Fisch und eignet sich für ein Buffet oder als Vorspeise.

1 Den Backofen auf 200 °C (Umluft 180 °C) vorheizen und eine ofenfeste Form fetten. Rote Bete darin verteilen und mit Meersalz bestreuen.

2 Rote Bete etwa 15 Min. auf der mittleren Schiene backen, bis sie gar ist. Inzwischen Feta und Crème fraîche mit dem Küchenmixer verrühren.

3 Rote Bete aus dem Ofen nehmen und mit Rosmarin bestreuen. Fetacreme darauf verteilen und weitere 10 Min. im Ofen garen.

SVENSK
Sibbesson

VÅG-TJÄNST
MALMÖ
SP

Primörsallad

SOMMERSALAT

FÜR 4 PORTIONEN

8–10 neue Kartoffeln, gewaschen und gebürstet

Salz

4 Frühlingszwiebeln, ganz

8 Radieschen, ganz

200 g Zuckerschoten, ganz

FÜR DAS DRESSING

50 ml Rapsöl

2 EL Weißweinessig

2 EL süßlicher Senf

1 TL frischer Thymian

Salz und frisch gemahlener Pfeffer

Nach einem langen Winter mit viel Wurzelgemüse freue ich mich jedes Jahr wieder auf zartes Frühgemüse, vor allem auf milde Frühlingszwiebeln und Radieschen, Zuckerschoten und neue Kartoffeln. Dieser Salat schmeckt besonders gut zu geräucherter Makrele.

1 Große Kartoffeln evtl. halbieren. Kartoffeln in leicht gesalzenem Wasser kochen. Einige Min. vor dem Ende der Kochzeit das übrige Gemüse dazugeben und kurz mitgaren. Abgießen, abschrecken und abkühlen lassen.

2 Die Zutaten für das Dressing verrühren. Vorsichtig mit dem Gemüse mischen. Der Salat schmeckt lauwarm oder kalt.

Fläderblomssaft

HOLUNDERBLÜTENSIRUP

FÜR 2,5–3 LITER
2 kg Zucker
3 TL Ascorbinsäure
30 Dolden Holunderblüten
4 Bio-Zitronen, in Scheiben geschnitten

Schon als meine Tochter noch ganz klein war, haben wir jedes Jahr Holunderblüten gesammelt und zu Sirup verarbeitet. In Südschweden steht der Holunder um Mittsommer in voller Blüte. Die Blüten sind schnell gepflückt, müssen nur einige Tage in Wasser ziehen – und schon hat man ein aromatisches Erfrischungsgetränk für heiße Sommertage.

Man kann daraus auch köstliche Drinks für Sommerpartys zaubern. Den Holunderblütensirup einfach mit Sekt aufgießen und einige frische Sommerbeeren in die Gläser geben.

1 1½ l Wasser in einem großen Topf aufkochen. Zucker und Ascorbinsäure unter Rühren darin auflösen.

2 Blütendolden und Zitronenscheiben in eine sehr große Schüssel oder einen sauberen Eimer füllen. Das heiße Zuckerwasser darübergießen und abkühlen lassen. Die Mischung abgedeckt 3–4 Tage an einem kühlen Ort ziehen lassen und öfter umrühren.

3 Den Sirup durch ein Sieb seihen. In sterilisierte Flaschen oder Schraubdeckelgläser abfüllen, verschließen und im Kühlschrank aufbewahren. Für längere Haltbarkeit kann der Sirup in Gefrierdosen eingefroren werden.

Fläder Saft
Jordgubbs-Saft

Råröd jordgubbssaft

ERDBEERSAFT

FÜR ETWA 2 LITER

2 kg Erdbeeren, gewaschen und geputzt

3 TL Ascorbinsäure

2 kg Zucker

In der Hochsaison der Erdbeeren sollten Sie die Gelegenheit nutzen, sie zu Saft zu verarbeiten. Die Früchte werden hierfür nicht gekocht. So wird der Saft zwar aromatisch, aber leider nicht lange haltbar, es sei denn, Sie füllen ihn in Dosen und frieren ihn ein. Dann können Sie ihn den ganzen Winter über genießen – garantiert frei von Zusatzstoffen.

1 Erdbeeren mit 1 l kaltem Wasser im Küchenmixer pürieren. Ascorbinsäure hinzufügen. Mischung 48 Std. in den Kühlschrank stellen und anschließend durch ein feines Sieb passieren.

2 Zucker hinzufügen und so lange rühren, bis er sich vollständig aufgelöst hat. Den Saft in sterilisierte Flaschen oder Schraubdeckelgläser abfüllen und im Kühlschrank aufbewahren. Für längere Haltbarkeit kann der Saft in Dosen eingefroren werden.

Partytime

Die Sommersonnenwende wird seit vielen tausend Jahren gefeiert. Auch unsere Vorfahren begingen den längsten Tag des Jahres mit einem Fest. Im 4. Jahrhundert wurde daraus ein christliches Ereignis: Der 24. Juni wurde Johannes dem Täufer gewidmet, der dem Lukas-Evangelium zufolge sechs Monate vor Jesus geboren ist. Seit dieser Zeit führt die schwedische Kirche einen aussichtslosen Kampf, um diesen Tag zu einem kirchlichen Feiertag zu machen. Seit 1954 wird Mittsommer am Freitag zwischen dem 19. und 25. Juni gefeiert, also nicht zwangsläufig am eigentlichen Tag der Sommersonnenwende.

Beim schwedischen Mittsommerfest tanzt man um einen »Maibaum« und isst eingelegten Hering mit neuen Kartoffeln. Zum Nachtisch genießt man die ersten Erdbeeren. Und Schnaps darf natürlich auch nicht fehlen.

Mein Mittsommer

Mittsommer ist die Zeit des Jahres, die ich am meisten liebe. Manchmal feiere ich dieses Fest ganz im Zeichen des Herings. Dann serviere ich eingelegten Hering in allen erdenklichen Variationen – u. a. Matjes mit saurer Sahne und Schnittlauch und dazu neue Kartoffeln. Den krönenden Abschluss bilden frisch gepflückte Erdbeeren. In anderen Jahren gibt es zum Auftakt Matjes auf Knäckebrot (siehe Seite 134) oder Matjes-Tarte (siehe Seite 74), als Hauptgang gegrillten Räucherlachs (siehe Seite 115) mit Kartoffel-Fenchel-Salat (siehe Seite 116) und als Dessert Erdbeertorte (siehe Seite 154).

Matjessill på knäckebröd

MATJES AUF KNÄCKEBROT

FÜR 4 PORTIONEN

4–6 kleine neue Kartoffeln, gewaschen und gebürstet

Salz

200 g Matjesfilets

8–12 dünne kleine Knäckebrotscheiben

Butter zum Bestreichen

100 g saure Sahne

10 Schnittlauchhalme, in Stücke geschnitten

frisch gemahlener Pfeffer

Hering mit Kartoffeln, saurer Sahne und Schnittlauch sind der absolute Mittsommerklassiker. Diese knusprigen Heringshäppchen serviere ich gerne als Vorspeise.

1 Kartoffeln in leicht gesalzenem Wasser kochen, bis sie gerade gar sind. Abkühlen lassen und in dünne Scheiben schneiden. Matjes abtropfen lassen und in mundgerechte Stücke schneiden.

2 Knäckebrotscheiben mit Butter bestreichen. Jeweils mit 1 Kartoffelscheibe und 1 Stück Matjes belegen. 1 Klecks saure Sahne daraufgeben und mit Schnittlauch belegen. Pfeffer darübermahlen und sofort servieren, damit das Knäckebrot nicht weich wird.

Nypotatis med löjrom

NEUE KARTOFFELN MIT ROGEN

FÜR 4 PORTIONEN

16 kleine neue Kartoffeln, gewaschen und gebürstet

Salz

100 g Crème fraîche

50 g Felchen- oder Seehasenrogen

6 Schnittlauchhalme, in Röllchen geschnitten

Diese Kartoffeln serviere ich meinen Gästen im Sommer gerne mit einem Glas Wein als Amuse-Gueule. Sie passen gut als Gang vor einem Grillgericht oder auf ein Buffet.

1 Kartoffeln in leicht gesalzenem Wasser kochen, bis sie gerade gar sind. Abgießen und abkühlen lassen.

2 Kartoffeln kreuzweise einschneiden und vorsichtig auseinanderdrücken, so dass eine Öffnung entsteht. In jede Kartoffel 1 Klecks Crème fraîche füllen und den Rogen darauf verteilen. Mit Schnittlauch bestreut servieren.

Schnaps

Kommen Heringe und Krebse auf den Tisch, darf ein Gläschen Schnaps nicht fehlen. Viele schwedische Gerichte sind relativ salzig, deshalb schmecken sie am leckersten mit Bier und Schnaps. Traditionell trinken wir Schnäpse mit bitterem Aroma, die in 6-cl-Gläsern serviert werden. Der beliebteste unter ihnen ist Aquavit, der sein typisches Aroma einer Kombination aus Kreuzkümmel, Dill und anderen Gewürzen verdankt. Hartgesottene greifen zu einem besonders bitteren Schnaps wie Wermutbranntwein. Manche bevorzugen hingegen fruchtige oder süße Schnäpse, häufig mit Beeren.

Es gilt als extrem unhöflich, vor dem Trinken keinen Toast auszubringen – und ums Singen kommt man dabei schon gar nicht herum. Wir verfügen über ein breites Repertoire an Trinkliedern für jede Gelegenheit. Stimmen Sie also mit ein, und vergessen Sie nicht, »skål!« zu sagen.

Citronsnaps

ZITRONENSCHNAPS

FÜR 400 MILLILITER

375 ml klarer Schnaps (z. B. Wodka)

2 Bio-Zitronen, gewaschen

Ich trinke nicht oft Schnaps, aber wenn, dann selbst gemachten und nicht so hochprozentigen – am liebsten frischen Zitronenschnaps.

1 Schnaps in eine entsprechend große Flasche füllen.

2 Von den Zitronen die Schale mit dem Sparschäler so schälen, dass keine weiße Haut daran bleibt, sonst bekommt der Schnaps einen zu bitteren Geschmack. Zitronenschale in die Flasche geben. Flasche verschließen. Den Schnaps einige Tage ziehen lassen.

3 Anschließend probieren, ob der Zitronengeschmack intensiv genug ist. Zur Verstärkung des Aromas kann man kurz vor dem Servieren noch etwas Zitronensaft hinzufügen.

Svartvinbärssnaps

SCHWARZER JOHANNISBEERSCHNAPS

FÜR 400 MILLILITER

375 ml klarer Schnaps (z. B. Wodka)

300 g Schwarze Johannisbeeren

Schwarzer Johannisbeerschnaps schmeckt einfach köstlich. Manche bevorzugen kräftige, würzige Schnäpse oder Aquavit, aber ich finde, dieser fruchtige Schnaps passt zu jeder Art von Speise.

1 Schnaps in eine entsprechend große Flasche füllen.

2 Beeren waschen, putzen, von den Rispen streifen. Beeren in die Flasche füllen und die Flasche verschließen.

3 Den Schnaps etwa 2 Wochen ruhen lassen. Alle paar Tage prüfen, wie intensiv das Johannisbeeraroma ist. Anschließend abseihen. Werden die Beeren nicht entfernt, fangen sie u. U. an zu gären.

Ost- och skinkgifflar

HÖRNCHEN MIT KÄSE-SCHINKEN-FÜLLUNG

FÜR 16 STÜCK

50 g Butter

50 g frische Hefe

200 ml schwedische Sauermilch (Filmjölk) oder 100 g Naturjoghurt, mit 100 ml Milch verrührt

½ TL Salz

3 Eier

480–540 g Mehl

16 Scheiben geräucherter Schinken

16 Scheiben kräftiger Käse

16 Tomatenscheiben

Diese gefüllten Hörnchen sind genau das Richtige für ein Picknick im Wald oder einen Tag am Strand. Am besten backen Sie gleich eine größere Menge und frieren sie ein: Die Hörnchen gefroren in den Picknickkorb packen und zum Auftauen auf einen sonnigen Felsen legen, während Sie auf Beerensuche gehen.

1 Butter in einem kleinen Topf zerlassen. 500 ml Wasser zugießen und lauwarm erwärmen. Hefe über einer großen Rührschüssel zerkrümeln. Butter-Wasser-Mischung darübergießen und so lange rühren, bis sich die Hefe aufgelöst hat.

2 Sauermilch, Salz, 2 Eier und so viel Mehl hinzufügen, dass ein elastischer weicher Teig entsteht. Teig abgedeckt 30 Min. bei Zimmertemperatur gehen lassen. Anschließend die Luft herausschlagen und den Teig kneten, bis er glänzt.

3 Teig halbieren. Jede Portion zu einem großen Kreis ausrollen. Jeden Kreis in 8 gleich große spitze Dreiecke schneiden. Mit je 1 Schinken-, 1 Käse- und 1 Tomatenscheibe belegen und zu Hörnchen einrollen. Auf ein Backblech legen und weitere 30 Min. gehen lassen.

4 Backofen auf 250 °C (Umluft 230 °C) vorheizen. Das restliche Ei verquirlen. Hörnchen damit bepinseln und 10–15 Min. auf der mittleren Schiene goldbraun backen.

Tomatsoppa

TOMATENSUPPE

FÜR 4 PORTIONEN

- 1–2 Zwiebeln, gehackt
- 2 EL Butter
- 750 g sehr reife Tomaten, gehackt
- 1 l Gemüsebrühe
- 1 Prise Paprikapulver
- Salz und frisch gemahlener Pfeffer
- 1½ EL Mehl
- 50 g Crème double
- 2 EL Sherry

Im Spätsommer quillt unser Gewächshaus über von Tomaten. Wie schade, dass sie alle gleichzeitig reif sind! Da wir es nicht schaffen, alle roh zu essen, verarbeite ich sie zu Tomatensuppe. Diese schmeckt nicht nur an kalten Wintertagen, sie weckt auch Erinnerungen an den Sommer. Tomatenkerne und -schalen verarbeite ich mit, um der Suppe mehr Konsistenz zu verleihen. Sie können die Suppe nach Geschmack auch passieren.

1 Zwiebeln in 1 EL Butter glasig andünsten. Tomaten, Brühe und Paprikapulver hinzufügen. Die Mischung etwa 10 Min. bei geringer Hitze köcheln lassen. Mit Salz und Pfeffer würzen.

2 Restliche Butter in einem Topf zerlassen, das Mehl zufügen und anschwitzen. Masse in die Suppe rühren und diese weitere 5 Min. köcheln lassen. Mit Crème double und Sherry abschmecken und servieren.

Grillade musslor

GEGRILLTE MIESMUSCHELN

FÜR 8 PORTIONEN

1 kg frische Miesmuscheln

75 g weiche Butter

1 Knoblauchzehe

1 TL frisch gehackte Kräuter (z. B. Petersilie, Basilikum und Estragon)

½ TL Meersalz

Im Spätsommer darf man an manchen Stellen der schwedischen Westküste Muscheln sammeln. Sie schmecken gegrillt köstlich und eignen sich für ein Buffet oder als Imbiss mit einer Scheibe Brot.

1 Den Holzkohlen- oder Backofengrill vorheizen. Muscheln gründlich waschen, abbürsten und den Bart entfernen. Offene Muscheln wegwerfen.

2 Butter in ein Schälchen geben. Knoblauch dazupressen, Kräuter und Salz hinzufügen, alles gut vermengen.

3 Muscheln auf den Holzkohlengrill oder unter den Backofengrill legen. Mit Alufolie abdecken und etwa 3 Min. grillen, bis sie sich öffnen. Geschlossene Muscheln wegwerfen. Muscheln auf einer Platte anrichten und sofort mit der Kräuter-Knoblauch-Butter servieren.

Fiskgryta

FISCHSUPPE

FÜR 4 PORTIONEN

6 kleine Zwiebeln, gehackt

2 EL Rapsöl

4 mittelgroße Kartoffeln, kleingeschnitten

2 Karotten, kleingeschnitten

1 Pastinake, kleingeschnitten

1 kleiner Knollensellerie, kleingeschnitten

1 Dose (400 g) geschälte Tomaten

100 ml Weißwein

3 EL konzentrierter Fischfond

1 Lorbeerblatt

400 g festfleischige weiße Fischfilets, in mundgerechte Stücke geschnitten

abgeriebene Schale und Saft von 1 Bio-Zitrone

Salz und frisch gemahlener Pfeffer

½ Bund Petersilie, gehackt

Fischsuppen lassen sich leicht mit verschiedenen Wurzelgemüsen und Fischsorten variieren. Wichtig ist, dass Sie festfleischigen Fisch verwenden und ihn bei geringer Hitze garen. Sonst zerfällt der Fisch, und das Gericht sieht nicht so appetitlich aus.

1 Zwiebeln im Öl andünsten, bis sie weich sind. Kartoffeln, Karotten, Pastinake und Sellerie dazugeben und einige Min. mit andünsten.

2 Tomaten, Wein, 200 ml kaltes Wasser, Fischfond und Lorbeerblatt zugeben und 10–15 Min. köcheln lassen, bis das Gemüse gar ist.

3 Den Fisch hineinlegen und etwa 10 Min. bei geringer Hitze garen. Mit Zitronenschale, -saft, Salz und Pfeffer abschmecken. Suppe vor dem Servieren mit Petersilie bestreuen.

Räkmacka

GARNELENSANDWICHES

FÜR 4 PORTIONEN

1,5 kg gekochte Garnelen mit Schale

1 Eigelb

2 EL Zitronensaft

Salz und frisch gemahlener Pfeffer

200 ml Olivenöl extra vergine

½ Bund Dill, fein gehackt

etwas abgeriebene Zitronenschale

4 Scheiben frisches Weißbrot

Butter zum Bestreichen

Frische Garnelen aus dem Fischerdorf Smögen auf einem leckeren Brot mit selbst gemachter Mayonnaise wecken bei mir Erinnerungen an einen wundervollen Sommer an der schwedischen Westküste. Aber diese Garnelensandwiches schmecken immer, nicht nur an der See!

1 Garnelen schälen, eventuelle Schalenreste mit den Fingern abzupfen.

2 Eigelb einige Min. mit Zitronensaft, Salz und Pfeffer verrühren. Anschließend das Öl tröpfchenweise einrühren, so dass eine Mayonnaise entsteht. (Gießt man das Öl zu schnell hinzu, gerinnt die Mayonnaise. Man kann sie eventuell noch retten, indem man ein paar Tropfen lauwarmes Wasser unterschlägt.)

3 Etwas Dill zum Garnieren beiseitelegen, den Rest mit der Zitronenschale unter die Mayonnaise ziehen.

4 Brotscheiben mit Butter bestreichen. Mit den Garnelen belegen, jeweils 1 Klecks Mayonnaise daraufgeben und mit dem beiseitegelegten Dill bestreut servieren.

Plättbakelser

PFANNKUCHEN MIT BEEREN

FÜR 4 PORTIONEN

125 g Mehl
1 Prise Salz
300 ml Milch
2 Eier
25 g Butter
Butter zum Backen
Beeren der Saison
Schokoladeneis

Diese Pfannkuchen sind unwiderstehlich. Ich serviere sie mit Früchten der Saison, z. B. selbst gepflückten Beeren, und Schokoladeneis.

1 Mehl in eine Rührschüssel sieben. Mit Salz und 150 ml Milch verrühren. Eier und restliche Milch hinzufügen und die Mischung zu einem glatten Teig verrühren.

2 Butter zerlassen und unter den Teig rühren. Zum Backen etwas Butter in der Pfanne erhitzen. 1–2 EL Teig hineingeben und etwa 30 Sek. bei mittlerer Hitze backen. Pfannkuchen wenden und goldbraun backen. Aus dem übrigen Teig auf die gleiche Weise Pfannkuchen backen.

3 Pfannkuchen abwechselnd mit Beeren und Schokoladeneis auf Tellern geschichtet servieren.

Hallonglass

HIMBEEREIS

FÜR 4 PORTIONEN

250 g tiefgefrorene Himbeeren

1 Ei

110 g Demerara-Zucker (Rohrzucker)

½ TL Vanillezucker

100 g Sahne

Dieses schnelle Eis ist der Hit jeder Sommerparty. Aber Vorsicht: Es enthält rohes Ei – und das bekommt u. U. nicht jedem Gast.

1 Gefrorene Himbeeren in der Küchenmaschine pürieren. Anschließend das Ei einrühren.

2 Zucker und Vanillezucker untermischen. Zum Schluss Sahne in die laufende Küchenmaschine gießen und rühren, bis die Mischung cremig und weich ist. Himbeereis sofort servieren.

Das Eis eignet sich nicht zum Einfrieren, da es steinhart wird und sich unzählige Eiskristalle bilden.

Svenska Bär

Jordgubbscarpaccio

ERDBEER-CARPACCIO

FÜR 4 PORTIONEN

500 g Erdbeeren, in hauchdünne Scheiben geschnitten

4 EL weißer Balsamico-Essig

abgeriebene Schale von 1 Zitrone

2 EL Muscovado-Zucker (Rohrzucker)

etwa 12 Basilikumblätter

Frisch gepflückte, sonnengereifte Erdbeeren esse ich pur für mein Leben gern. In Schweden isst man sie in der Hochsaison fast täglich wie eine Süßigkeit. Oder man serviert sie in Scheiben geschnitten als leichtes, raffiniertes Dessert.

1 Erdbeerscheiben auf 4 Desserttellern anrichten. Mit je 1 EL Essig beträufeln.

2 Zitronenschale und Zucker mischen und über die Beeren streuen. Mit Basilikum garnieren und sofort servieren.

Jordgubbstårta

ERDBEERTORTE

FÜR EINE SPRINGFORM (Ø 23 CM, 6–8 PORTIONEN)

FÜR DEN TEIG

Butter für die Form

4 Eier

330 g Zucker

180 g Mehl

2 TL Backpulver

50 g Mandelblättchen, goldbraun geröstet

FÜR DIE FÜLLUNG

200 ml dicke Vanillesauce oder Konditorcreme, kalt

250 g Erdbeeren, leicht zerdrückt

ZUM GARNIEREN

150 g Sahne

250 g Erdbeeren, gewaschen und geputzt

An meinem Geburtstag Mitte Juli haben Erdbeeren in Schweden Hochsaison. In meiner Kindheit war es üblich, ausschließlich Zutaten der Saison zu verwenden, und so gab es an meinem Geburtstag stets Erdbeertorte. Diese herrliche sahnige Erdbeertorte ist für mich der Inbegriff des Sommers.

1 Den Backofen auf 175 °C (Umluft 155 °C) vorheizen. Die Form mit Butter fetten und mit Backpapier auslegen. Eier und Zucker in einer großen Schüssel schaumig schlagen. Mehl mit Backpulver mischen und vorsichtig unter die Eiermischung ziehen. 100 ml heißes Wasser und Mandeln vorsichtig unterheben.

2 Den Teig in die Form füllen und 30–40 Min. backen. Für die Garprobe ein Holzstäbchen in den Kuchen stechen. Der Tortenboden ist fertig, wenn das Stäbchen sauber bleibt. Den Boden sofort auf ein Kuchengitter stürzen und auskühlen lassen. Den Boden waagerecht halbieren.

3 Eine Bodenhälfte auf eine Tortenplatte setzen. Mit Vanillesauce oder Konditorcreme bestreichen und die zerdrückten Erdbeeren darauf verteilen. Den zweiten Boden daraufsetzen. Sahne steifschlagen und den Kuchen damit rundum bestreichen. Mit Erdbeeren garnieren und servieren.

Nötmarängtårta

HASELNUSSBAISER-TORTE

FÜR 6 PORTIONEN

3 Eiweiß

110 g Zucker

100 g Haselnüsse, fein gehackt

200 g Sahne

500 g gemischte Beeren, gewaschen

Haselnussbaiser passt vorzüglich zu Beeren aller Art: Es ist der ideale Sommerkuchen, wenn es Erdbeeren, Himbeeren und Blaubeeren in Hülle und Fülle gibt. Und stehen gerade keine frischen Beeren zur Verfügung, tun es auch tiefgefrorene.

1 Backofen auf 125 °C (Umluft 105 °C) vorheizen. Eiweiß mit 55 g Zucker steifschlagen. Haselnüsse und restlichen Zucker vorsichtig unterheben.

2 Auf ein Stück Backpapier einen Kreis (Ø 20 cm) zeichnen. Baisermasse darin verstreichen und etwa 45 Min. backen, bis das Baiser fest und leicht gebräunt ist. Aus dem Ofen nehmen und auskühlen lassen.

3 Sahne steifschlagen. Baiser damit bestreichen. Mit Beeren garnieren und sofort servieren.

Blåbärspaj

BLAUBEER-PIE

FÜR EINE PIEFORM (Ø 20 CM, 6–8 PORTIONEN)

150 g Mehl

½ TL Backpulver

140 g Zucker

125 g Butter

Butter für die Form

250 g Blaubeeren, gewaschen

1 EL Kartoffel- oder Maisstärke

Blaubeeren aus den Wäldern Skandinaviens sind kleiner, haben eine kräftigere Farbe und ein viel intensiveres Aroma als die Beeren in den Supermärkten. Wenn meine Familie und ich in den Sommermonaten Freunde in ihren Sommerhäusern an der Südostküste besuchen, pflücken wir gerne Blaubeeren. Wir fahren mit einem kleinen Boot auf die Inseln und kehren mit Eimern voller Beeren zurück. Und sollte die Zeit dafür mal zu knapp sein, gibt es immer noch den »Beerenmann«, der auf dem Marktplatz Preiselbeeren und Blaubeeren verkauft.

1 Mehl, Backpulver und 70 g Zucker mischen. Butter mit 2 EL kaltem Wasser unterkneten. Den Teig 30 Min. im Kühlschrank ruhen lassen.

2 Den Backofen auf 175 °C (Umluft 155 °C) vorheizen. Ein Drittel des Teigs beiseitelegen. Mit dem restlichen Teig die gefettete Form auslegen. Den Teig mit einer Gabel einstechen und etwa 8 Min. blindbacken.

3 Aus dem Ofen nehmen. Beeren auf dem Boden verteilen, mit Stärke bestäuben und mit dem restlichen Zucker bestreuen.

4 Den restlichen Teig ausrollen, in etwa 2 cm breite Streifen schneiden und diese gitterförmig auf die Beeren legen. Pie in etwa 20 Min. goldbraun backen. Dazu schmeckt Vanilleeis oder Vanillesauce.

Allemansrätt

Allemansrätt – das Recht, Privatgrund ungehindert zu betreten – ist in der schwedischen Verfassung verankert. Es garantiert jedermann, sich auf freiem Land von einigen Einschränkungen abgesehen ungehindert bewegen zu dürfen. So soll verhindert werden, dass Besitzer von Wäldern, Land oder Küstenstreifen anderen den Zugang zu diesen Gebieten verwehren: Die schwedische Natur soll jeder genießen können.

Allemansrätt regelt auch, was man tun (z. B. zelten oder Lagerfeuer machen) und pflücken darf und was nicht. Dem *allemansrätt* ist es auch zu verdanken, dass die schwedische »Sammlerkultur« erhalten geblieben ist. Und so ziehen bis heute im Sommer und Herbst Scharen von Schweden mit Körben und Messern bewaffnet aus, um Pilze und Beeren zu sammeln.

Kanelbullar

ZIMTSCHNECKEN

FÜR ETWA 40 STÜCK

100 g Butter
400 ml Milch
50 g frische Hefe
110 g Zucker
1 Prise Salz
1–1,25 kg Mehl
1 Ei zum Bestreichen
3 EL Hagelzucker zum Bestreuen

FÜR DIE FÜLLUNG

6 EL Butter
6 EL Zucker
4–6 TL Zimt

Als meine Tochter Sara klein war, half sie mir mit Begeisterung beim Backen dieser Schnecken. Das Kneten und Formen des Teigs macht Kindern einen Riesenspaß. Und obendrein lernte Sara, wie Hefegebäck gut gelingt.

1 Butter bei mittlerer Hitze zerlassen. Milch zugießen und lauwarm erwärmen.

2 Hefe über einer Rührschüssel zerkrümeln. Milchmischung darübergießen und so lange rühren, bis sich die Hefe aufgelöst hat. Zucker, Salz und so viel Mehl hinzufügen, dass ein glatter, elastischer Teig entsteht. Mit einem Küchentuch abdecken und 30 Min. ruhen lassen.

3 Die Luft aus dem Teig schlagen und den Teig kneten, bis er glänzt. Den Teig in 2 gleich große Portionen teilen und diese jeweils zu einem großen Rechteck ausrollen. Die Zutaten für die Füllung mischen und auf den Rechtecken verteilen.

4 Rechtecke längs aufrollen und in jeweils 20 Scheiben schneiden. Diese in Papierförmchen legen und weitere 30 Min. gehen lassen. Inzwischen den Backofen auf 250 °C (Umluft 230 °C) vorheizen.

5 Ei verquirlen. Zimtschnecken damit bepinseln und mit Hagelzucker bestreuen. Im Ofen in 6–8 Min. auf der mittleren Schiene goldbraun backen. Herausnehmen und auf einem Kuchengitter abkühlen lassen.

Herbst HÖST

Herbst in Schweden

Ganz allmählich wird es Herbst. Morgens sind die Wiesen mit Tau bedeckt, und es wird früher dunkel, wenn wir die letzten Abendmahlzeiten im Freien genießen. Das Schuljahr beginnt in Schweden Mitte August, und wenn sich die ersten Birkenblätter verfärben, leeren sich die Strände. Im September wird es langsam kühler, und im Oktober wird es Zeit, den Gartenschlauch aufzurollen, die Wäscheleinen abzunehmen und das Sommerhaus winterfest zu machen.

Doch zu Wehmut besteht kein Anlass, denn in den Herbst fällt ein weiteres kulinarisches Highlight, die Krebssaison, und sie ist gleichbedeutend mit Partytime! In Nordschweden ist es zudem die Zeit der beliebten *surströmming* (durch Säuerung konservierter Hering) – ein gelinde gesagt sehr gewöhnungsbedürftiges Geschmacks- und Geruchserlebnis, das ich Ihnen lieber nicht zumuten möchte. Deshalb finden Sie dazu auch kein Rezept. Im Frühherbst beginnt an der Westküste die Hummersaison, und es ist die beste Zeit zum Pilzesammeln. Wenn ich daran denke, wie viele herrliche Pilze in den Wäldern auf uns warten, stimmt mich der Anblick der matschigen abgepackten Exemplare in den Geschäften ganz traurig. Neben Pilzen erwartet uns in schwedischen Wäldern noch eine andere wundervolle Gabe für herzhafte Herbstgerichte: Preiselbeeren, die wir in rauen Mengen verzehren. Wegen ihres herben Geschmacks isst man sie selten roh, sondern kocht sie auf verschiedenste Art und serviert sie zu fast allem: von Fleischbällchen bis zu Brathering.

Wenn die Nächte länger werden und die Herbststürme einsetzen, macht man es sich drinnen gemütlich. Ich verbringe dann mehr Zeit in der Küche, und auf dem Speiseplan stehen nun Eintöpfe und Schmorgerichte. Seit Halloween auch nach Schweden herübergeschwappt ist, hat es die Allerheiligenfeiern weitgehend abgelöst, und viele ergreifen die Gelegenheit, die herbstliche Dunkelheit mit einer Party aufzuhellen, die auch ein kulinarisches Event darstellt. Kein Wunder, macht es doch viel Freude, den Tisch für eine herbstliche Dinnerparty mit Kerzen, Efeu, Kastanien und bunten Blättern zu dekorieren.

Krebsessen

Das Krebsessen gehört zu den wenigen schwedischen Festen, bei denen kein Hering gegessen wird. Der Brauch kam auf, weil es früher verboten war, Krebse vor dem ersten Mittwoch im August zu fangen. Das führte dazu, dass die Leute den ersten Krebs mit einer großen Party feierten. Da Krebse heute größtenteils importiert werden, wurde das Gesetz zwar 1994 aufgehoben, doch viele feiern diesen Tag noch immer.

Man gart die Krebse in der Regel in einer Brühe aus Bier, reichlich Dill und Gewürzen. An der Westküste bevorzugt man Scampi, die man gratiniert mit Knoblauchbutter serviert. Dazu gibt es gewürzten Käse, Brot, Bier und reichlich Schnaps. Krebse und Schnaps werden in zahlreichen Trinkliedern besungen. Die Partygäste tragen traditionell Papierhüte, und das Essen wird im Freien oder auf der Veranda im Schein von Papierlaternen eingenommen.

Västerbottenpaj

KÄSE-TARTE

FÜR EINE TARTEFORM (Ø 24 CM, 4–6 PORTIONEN)

120 g Mehl

100 g Butter

150 g Västerbotten-Käse oder anderer reifer Hartkäse

3 Eier

200 g Crème double

Salz und frisch gemahlener Pfeffer

Diese Käse-Tarte darf bei keinem Krebsessen fehlen. Krebse sind nicht sehr sättigend – und um beim traditionellen Schnapsgelage mithalten zu können, bedarf es einer handfesteren Grundlage. Die Tarte eignet sich auch vorzüglich für ein Buffet oder Picknick.

1 Mehl in der Küchenmaschine mit Butter und 2 EL kaltem Wasser zu einem Teig verarbeiten. Die Form damit auslegen. Den Boden mehrmals mit einer Gabel einstechen und etwa 30 Min. im Kühlschrank ruhen lassen. Inzwischen den Backofen auf 250 °C (Umluft 230 °C) vorheizen.

2 Käse reiben. Eier mit Crème double gründlich verrühren, den Käse untermischen, mit Salz und Pfeffer würzen. (Vorsicht: Västerbotten-Käse kann ziemlich salzig sein.)

3 Den Teigboden etwa 10 Min. blindbacken. Käsemischung darauf verteilen und die Tarte weitere 20 Min. backen, bis die Masse gestockt und die Oberfläche goldbraun ist. Tarte in der Form auskühlen lassen und kalt servieren.

Schwedischer Käse

Ich bin ein absoluter Käsefan. Es gibt für mich nichts Schöneres, als in meiner Heimatstadt Malmö bei dem Feinkostladen Möllans Ost vorbeizuschauen und die zahllosen Käsesorten zu probieren. Hier findet man Käse aus ganz Schweden.

Am bekanntesten ist vermutlich der Västerbotten-Käse, der bereits seit dem 19. Jahrhundert in Burträsk in der Provinz Västerbotten hergestellt wird. Dieser reife Hartkäse schmeckt nicht nur vorzüglich, sondern eignet sich auch hervorragend zum Kochen und Backen. Eine weitere Käsespezialität ist der sogenannte »Frühstückskäse«. Man isst in Schweden gerne Käsebrot zum Frühstück, und dafür eignet sich dieser dünn aufgeschnittene, milde Käse am besten. Eigens hierfür wurde der schwedische Käsehobel entwickelt. Man findet ihn in jedem Haushalt, und Schweden, die im Ausland leben, sind höchst verwundert, wenn sie feststellen müssen, dass man ihn dort nicht kaufen kann.

MÖLLANS OST
"DÄR GODA OCH
GLADA OSTAR MÖTS"

Rotfruktsgratäng

KARTOFFELGRATIN MIT WURZELGEMÜSE

FÜR 4 PORTIONEN

Butter für die Form

6 mehlig kochende Kartoffeln, in dünne Scheiben geschnitten

2 Karotten, in dünne Scheiben geschnitten

1 kleiner Knollensellerie, in dünne Scheiben geschnitten

1 Pastinake, in dünne Scheiben geschnitten

1 Zwiebel, in feine Ringe geschnitten

Salz und frisch gemahlener Pfeffer

300 g Sahne

Gratins sind preiswert und einfach zuzubereiten. Die hier verwendeten Wurzelgemüse verleihen dem Gericht eine feine, süßliche Note, die wunderbar mit geräuchertem, gebratenem oder gegrilltem Fleisch harmoniert. Damit die Gemüsescheiben schön dünn werden, empfehle ich Ihnen, einen Gemüsehobel zu verwenden. Die Schalen lassen sich für Chips (siehe rechts) verwenden.

1 Den Backofen auf 200 °C (Umluft 180 °C) vorheizen. Eine Auflaufform fetten und das Gemüse hineinschichten. Jede Schicht mit Salz und Pfeffer würzen.

2 Sahne darübergießen und das Gratin etwa 45 Min. auf der mittleren Schiene backen, bis das Gemüse gar ist. Mit der Spitze eines Messers hineinstechen, um die Garprobe zu machen.

Rotfruktschips med örter

WURZELGEMÜSECHIPS

FÜR 4 PORTIONEN

500 g Schalen von Wurzelgemüse (z. B. von Kartoffeln, Karotten, Pastinaken und Roter Bete), gründlich gesäubert

100 ml Rapsöl

Salz und frisch gemahlener Pfeffer

2 EL frisch gehackte Kräuter

Ich versuche, beim Kochen möglichst wenig wegzuwerfen. Diese Chips sind eine vorzügliche Möglichkeit, Gemüseschalen zu verwerten. Werfen Sie die Gemüseschalen vom Rezept links nicht weg! Kaufen Sie am besten Biogemüse, das nicht mit Pestiziden belastet ist, und säubern Sie die Schalen gründlich. Besonders gut werden die Chips, wenn Sie die Schale möglichst dünn mit einem Sparschäler abschälen. Die Chips sind lange haltbar und eine leckere Alternative zur Massenware aus dem Supermarkt. Ihre Gäste werden staunen!

1 Die Schalen mit Küchenpapier trockentupfen. Öl in einer großen Pfanne erhitzen und die Schalen portionsweise darin frittieren, bis sie goldbraun und knusprig sind. Dabei darauf achten, dass sie nicht verbrennen.

2 Chips auf Küchenpapier abtropfen lassen. Salzen, pfeffern und mit den Kräutern bestreuen.

Die Chips nicht in Plastikbeuteln aufbewahren, sie werden sonst zäh und weich.

Lingonsylt
PREISELBEERKONFITÜRE

FÜR ETWA 1 KILOGRAMM

500 g frische oder tiefgefrorene Preiselbeeren

380 g Zucker

Preiselbeeren – sie ähneln im Geschmack Cranberrys – gelten in Schweden als nahezu heilig. Im Herbst werden die leuchtend roten Beeren bergeweise auf den Märkten angeboten, und viele ziehen zum Preiselbeersammeln in die Wälder. Aufgrund ihres herben Geschmacks bilden sie einen hervorragenden Kontrast zu diversen Fleischgerichten. Da die Konfitüre nicht lange haltbar ist, sollte man sie einfrieren.

1 Beeren von den Stielen zupfen und unter fließendem Wasser gründlich waschen. Tiefgefrorene Beeren auftauen.

2 Beeren mit Zucker in einer Rührschüssel so lange mit einem Holzlöffel durchrühren, bis die Beeren zerfallen sind und der Zucker sich aufgelöst hat. In sterilisierte Schraubdeckelgläser füllen.

Die Konfitüre hält sich im Kühlschrank maximal 2 Tage. Sie kann in Plastikdosen gefüllt und eingefroren werden.

Rödbetsinläggning

SÜSSSAUER EINGELEGTE ROTE BETE

FÜR ETWA 1,5 KILOGRAMM

1 kg kleine Rote Beten, gewaschen und gebürstet

75 ml Essigessenz

165–220 g Zucker

Ich verwende für diese süßsauer eingelegte Rote Bete kleine, zarte Knollen. Die großen eignen sich auch, müssen aber vor dem Einlegen in Scheiben geschnitten werden.

1 Rote Bete in kochendem Wasser etwa 30 Min. garen. Große Knollen nach dem Kochen schälen; kleine, zarte müssen nicht geschält werden.

2 Essigessenz in einen Topf gießen. Mit 550 ml kaltem Wasser und Zucker zum Kochen bringen. Rote Bete hineinlegen und einige Min. köcheln lassen. In sterilisierte Schraubdeckelgläser füllen, verschließen und abkühlen lassen.

Senapsgurkor

ESSIGGURKEN MIT SENFKÖRNERN

FÜR ETWA 2,5 KILOGRAMM

2 kg kleine Einmachgurken
150 ml Essigessenz
500 g Zucker
50 g Salz
3 Msp. Muskatblüte
2 EL gelbe Senfkörner
3 Dillblüten
1 Stück (5 cm) frischer Meerrettich, in Scheiben geschnitten

Seit Urzeiten konserviert man Lebensmittel für lange, kalte Winter. Gurken einlegen ist nicht nur kinderleicht, sie eignen sich auch ausgezeichnet als Weihnachtsgeschenk, kleines Dankeschön oder Mitbringsel.

1 Gurken auf sterilisierte Einmachgläser verteilen. Essigessenz mit 750 ml kaltem Wasser, Zucker und Salz mischen, über die Gurken gießen. Zum Schluss Muskatblüte, Senfkörner, Dill und Meerrettich auf die Gläser verteilen.

2 Gläser luftdicht verschließen. Gurken mindestens 3 Wochen an einem kühlen Ort ziehen lassen.

Pfifferlinge

Welch ein großartiger Moment: Sie haben lange gesucht, und plötzlich sehen Sie diesen einen kleinen gelben Hut und schließlich eine ganze Gruppe goldgelber Pfifferlinge – hurra! In Schweden lernen bereits die kleinen Kinder, Pfifferlinge zu erkennen. Die Suche bedarf nicht selten großer Geduld und Ausdauer, aber die Mühe lohnt sich. Hat man endlich einen guten Platz entdeckt, verrät man ihn bestenfalls seinen Lieben.

Anfang Oktober fahren wir jedes Jahr in die nördlich meiner Heimatstadt gelegene Nachbarprovinz Småland, um die Familie zu besuchen und Trompetenpfifferlinge zu sammeln. Mein Schwager Peter ist praktisch in den Wäldern von Småland groß geworden und kennt sie wie seine Westentasche. Trotzdem hat er stets einen Kompass dabei, so dass wir sicher sein können, auch wieder zurückzufinden.

In wenigen Stunden sind unsere Körbe mit prächtigen Pilzen gefüllt. Den Rest des Tages verbringen wir in der Küche, um sie zum Trocknen vorzubereiten. Sie werden gesäubert und auf Zeitungspapier ausgebreitet. So können wir im Winter die Früchte unserer Arbeit genießen und viele herrliche Gerichte daraus zubereiten, die uns an diesen Tag im Wald erinnern.

Trattkantarellsoppa med ostpinnar

TROMPETENPFIFFERLINGSSUPPE MIT GEGRILLTEM KÄSEBROT

FÜR 4 PORTIONEN

2 EL Butter

250 g Trompetenpfifferlinge, geputzt

1 Bananenschalotte, fein gehackt

2 EL Mehl

1 l Gemüsebrühe

50 ml trockener Weißwein

100 g Sahne

Salz und frisch gemahlener Pfeffer

4 Scheiben Weißbrot vom Vortag

75 g Kvibille-Käse oder anderer Blauschimmel-Hartkäse, gerieben

Meine Tochter Sara, die auf dem Foto rechts zu sehen ist, hat schon als kleines Mädchen Pilze gesammelt. Bereits damals wusste sie genau, wie man sie putzt und die Stiele entfernt, ohne zu viel wegzuschneiden. Das sind Fertigkeiten, die jeder Pilzsammler beherrschen sollte.

1 Butter in einer Pfanne zerlassen. Die Pilze mit der Schalotte einige Min. darin anbraten.

2 Mit Mehl bestäuben und unter ständigem Rühren nach und nach die Brühe zugießen. Aufkochen und etwa 10 Min. bei geringer Hitze köcheln lassen. Wein und Sahne dazugießen, mit Salz und Pfeffer abschmecken.

3 Den Backofengrill auf mittlere Temperatur vorheizen. Brotscheiben mit Käse bestreuen und etwa 5 Min. überbacken, bis der Käse geschmolzen ist. Die Suppe mit den heißen Käsebroten servieren.

Gyllene kantareller med pasta och sparris

NUDELN MIT PFIFFERLINGEN UND SPARGEL

FÜR 4 PORTIONEN

2 EL Butter

350 g frische Pfifferlinge, geputzt

1 Bund grüner Spargel, in Stücke geschnitten

Salz und frisch gemahlener Pfeffer

200 g Crème fraîche

50 ml trockener Weißwein

1 TL Sojasauce

frische Nudeln (Kühlregal) für 4 Personen

Frische Pfifferlinge schmecken köstlich, wenn man sie in Butter gebraten auf Vollkorntoast serviert. Als Hauptgericht servieren Sie sie mit Nudeln – eine herrliche Kombination! Ich habe noch Spargel dazugegeben, obwohl er eigentlich im Frühjahr Saison hat. Da es auch eine Pfifferlingsart gibt, die im Frühling wächst, kann man dieses Gericht mit etwas Glück also nicht nur im Herbst genießen.

1 Butter in einer Pfanne zerlassen. Pfifferlinge und Spargel einige Min. anbraten. Salzen, pfeffern und Crème fraîche hinzufügen. Wein und Sojasauce unterrühren und alles erhitzen.

2 Inzwischen die Nudeln in kochendem Salzwasser nach Packungsanweisung garen und abgießen. Nudeln und Pilze mischen und sofort servieren.

Porterstek ›Svärmors dröm‹

GESCHMORTES RINDFLEISCH IN BIERSAUCE

FÜR 8–10 PORTIONEN

330 ml Stout oder dunkles Starkbier

100 ml Schwarzer Johannisbeersirup

100 ml Sojasauce

6 schwarze Pfefferkörner

6 Wacholderbeeren

3 Knoblauchzehen, geschält

1 Rinderbrühwürfel

1 Zwiebel, in Spalten geschnitten

1 TL frisch gehackter Thymian

1 TL Salz

2 kg Hüftsteak

5 EL Mehl

300 g Sahne

In Schweden nennt man dieses Gericht auch »Schwiegermuttertraum«. Meine Großmutter hat es oft gekocht, wenn wir sie sonntags besuchten. In meiner Familie ist es Brauch, dass wir uns an den Sonntagen alle zu einem großen Essen treffen, und dann gibt es meist ein klassisches Fleischgericht. Eine großartige Gelegenheit, alle in entspannter Runde wiederzusehen, bevor uns die Hektik des Alltags wieder einholt.

1 In einem großen Schmortopf mit Deckel Bier, Sirup und Sojasauce verrühren. Pfeffer, Wacholder, Knoblauch, Brühwürfel, Zwiebel, Thymian und Salz hinzufügen und bei mittlerer Hitze aufkochen.

2 Das Steak hineinlegen und zugedeckt in etwa 30 Min. bei geringer Hitze garen. Steak nach 15 Min. Garzeit wenden. Anschließend aus dem Topf nehmen und ruhen lassen.

3 Den Garsud durch ein Sieb abgießen und auffangen und mit Wasser auf 800 ml auffüllen. In den Topf zurückgießen und das Mehl mit dem Schneebesen einrühren. Sahne zugießen und die Sauce unter Rühren etwa 3 Min. köcheln lassen. Das Fleisch mit der Sauce servieren. Dazu passen gekochte Kartoffeln und gedämpftes Gemüse der Saison.

Skomakarlåda

GEBRATENES SIRLOIN-STEAK MIT KARTOFFELPÜREE

FÜR 4 PORTIONEN

8–10 kleine mehlig kochende Kartoffeln

Salz

200 ml Milch

4 EL Butter

½ Bund Petersilie, fein gehackt

frisch gemahlener Pfeffer

100 g Bacon (Frühstücksspeck), fein gewürfelt

600 g Sirloin-Steak

Um den schwedischen Namen für dieses Gericht, »Schusterkasten«, ranken sich viele Geschichten. Vermutlich verdankt er ihn der Tatsache, dass das Fleisch an eine Schuhsohle erinnert (woraus man nicht schließen sollte, dass es zäh ist) und der Speck an Schusternägel.

1 Kartoffeln in leicht gesalzenem Wasser kochen, bis sie gerade weich sind. Abgießen und ausdampfen lassen.

2 Milch erwärmen. Kartoffeln zerstampfen und dabei nach und nach die Milch zugießen. 2 EL Butter und Petersilie einrühren. Das Püree mit Salz und Pfeffer abschmecken.

3 Speck in einer Pfanne ohne Fett knusprig braten, herausnehmen und beiseitestellen.

4 Die restliche Butter in der Pfanne zerlassen. Steak auf jeder Seite einige Min. bei starker Hitze braten. Die Garzeit hängt vom gewünschten Gargrad ab. Bratfond mit 1 Schuss Wasser ablöschen.

5 Püree auf einer Servierplatte verteilen. Das Steak darauflegen, mit Speckwürfeln bestreuen und mit dem Bratfond begießen.

Viltgryta

WILD-EINTOPF

FÜR 4 PORTIONEN

2 EL Butter

600 g Wildfleisch (z. B. Reh), in Würfel geschnitten

8 kleine Zwiebeln, halbiert

100 g frische Trompetenpfifferlinge oder 10 g getrocknete Pilze

Salz und frisch gemahlener Pfeffer

4 Wacholderbeeren, angedrückt

2 EL Gin

100 g Sahne

3 Karotten, in Scheiben geschnitten

Mit diesem Wild-Eintopf und einem guten Glas Rotwein zaubern Sie an trüben Herbstabenden garantiert ein Lächeln in die Gesichter Ihrer Gäste. Welches Fleisch Sie verwenden, hängt von der Jagdsaison und Ihren Vorlieben ab. Bereiten Sie das Gericht im Voraus zu, denn es schmeckt aufgewärmt noch mal so gut.

1 Butter bei mittlerer Hitze in einem großen Schmortopf zerlassen. Das Fleisch darin anbraten. Zwiebeln und Pilze dazugeben und etwas Farbe annehmen lassen. Salzen, pfeffern und Wacholderbeeren hinzufügen.

2 Gin, 200 ml Wasser und Sahne zugießen. Das Fleisch zugedeckt in 30–60 Min. bei geringer Hitze garen. Die Garzeit hängt von der Art des Wilds und des Fleischstücks ab, das Sie verarbeiten.

3 Karotten 5 Min. vor Garzeitende dazugeben. Zum Wild-Eintopf passen Reis und Apfelgelee (siehe Seite 205).

Sjömansbiff

RINDFLEISCH-EINTOPF MIT KARTOFFELN UND KAROTTEN

FÜR 4 PORTIONEN

2 EL Butter

600 g Rindfleisch zum Kochen, in dicke Scheiben geschnitten

1 große Zwiebel, in Scheiben geschnitten

8 mittelgroße festkochende Kartoffeln, in dicke Scheiben geschnitten

3 Karotten, in dicke Scheiben geschnitten

Salz und frisch gemahlener Pfeffer

330 ml Stout oder dunkles Starkbier

2 EL konzentrierte Rinderbrühe

2 Lorbeerblätter

½ Bund Petersilie, gehackt

Viele Schweden kennen dieses Gericht vermutlich aus ihrer Kindheit, denn es war ein klassisches Sonntagsessen. Im Originalrezept fehlten zwar die Karotten, aber ich finde, der Eintopf schmeckt mit ihnen besser. Traditionell serviert man dazu süßsauer eingelegte Rote Bete und eingelegte Gurken.

1 Butter bei mittlerer Hitze in einem großen Schmortopf zerlassen und das Fleisch darin anbraten. Zwiebel hinzufügen und glasig andünsten.

2 Kartoffeln und Karotten dazugeben, mit Salz und Pfeffer würzen. Bier zugießen. Brühe und Lorbeer hinzufügen. Aufkochen und 40–50 Min. bei geringer Hitze köcheln lassen, bis das Fleisch zart ist und die Kartoffeln gar sind. Eintopf mit Petersilie bestreuen. Dazu passen süßsauer eingelegte Rote Bete (siehe Seite 179) oder Essiggurken mit Senfkörnern (siehe Seite 180).

Fläskfilé med en ton av pepparrot

KALTER LENDENBRATEN MIT MEERRETTICH

FÜR 4 PORTIONEN

2 EL Öl

1 TL Sojasauce

Salz und frisch gemahlener Pfeffer

600 g Schweinelende

Meerrettich, frisch gerieben

25 g Mandelblättchen, geröstet

FÜR DIE MARINADE

50 ml Öl

50 ml trockener Weißwein

1 EL süßlicher Senf

Wenn Sie viele Gäste zu verköstigen haben, ist es hilfreich, ein Gericht im Voraus zuzubereiten, damit Sie als Gastgeberin auch etwas von Ihrem Fest haben. Ich serviere bei solchen Gelegenheiten gerne diesen kalten Schweinebraten. Er ist ideal für ein Buffet. Je nach Jahreszeit reiche ich dazu Kartoffel- oder Nudelsalat. Die Zutatenmengen lassen sich für mehr Gäste problemlos verändern.

1 Den Backofen auf 175 °C (Umluft 155 °C) vorheizen. Öl und Sojasauce verrühren, mit Salz und Pfeffer würzen. Das Fleisch mit der Mischung bestreichen.

2 Fleisch etwa 20 Min. im Backofen garen, herausnehmen und abkühlen lassen.

3 Fleisch in dünne Scheiben schneiden und auf einer Platte anrichten. Die Zutaten für die Marinade verrühren. Das Fleisch damit beträufeln und mindestens 2 Std. im Kühlschrank ziehen lassen.

4 Zum Servieren das Fleisch mit Meerrettich und Mandeln bestreuen und servieren.

Kåldolmar

KOHLROULADEN

FÜR 4 PORTIONEN

75 g Rundkornreis

Salz

20 Weißkohlblätter, dicke Blattrippen herausgeschnitten

5 EL Butter

1 Zwiebel, gehackt

150 g Hackfleisch vom Schwein

150 g Hackfleisch vom Rind

2 Eier, verquirlt

150 ml Milch

frisch gemahlener Pfeffer

50 ml Golden Syrup (Zuckerrüben- oder Zuckersirup)

Kohlrouladen gehören in vielen schwedischen Familien zu den klassischen Alltagsgerichten. Sie sind sozusagen die nordeuropäische Variante der mediterranen Dolmades, der mit diversen Farcen gefüllten Weinblätter. Die Zubereitung braucht ein bisschen Zeit, deshalb empfiehlt sie sich für Regentage, an denen man gerne in der Küche verweilt. Stellen Sie am besten eine größere Menge her, und frieren Sie einen Teil für Tage ein, an denen es schneller gehen muss.

1 Reis nach Packungsanweisung kochen und abkühlen lassen. Den Backofen auf 175 °C (Umluft 155 °C) vorheizen.

2 In einem großen Topf Wasser zum Kochen bringen, leicht salzen und die Kohlblätter portionsweise darin blanchieren, anschließend gut abtropfen lassen. 2 EL Butter in einem Schmortopf erhitzen und die Zwiebel darin glasig dünsten.

3 Beide Sorten Hackfleisch mit Eiern, Milch, Reis und Zwiebel vermengen. Mit Salz und Pfeffer würzen. Die Füllung auf den Kohlblättern verteilen. Blätter fest aufrollen und in eine ofenfeste Form legen. Mit Sirup beträufeln und die restliche Butter in Flöckchen darauf verteilen. Rouladen etwa 30 Min. im Ofen garen. Gegen Ende der Garzeit etwas Wasser zugießen, damit eine Sauce entsteht. Die Kohlrouladen heiß servieren. Dazu passen Kartoffelpüree und Preiselbeerkonfitüre (siehe Seite 176).

Råråkor med bacon

KARTOFFELPUFFER MIT BACON

FÜR 4 PORTIONEN

8 mittelgroße festkochende Kartoffeln, geraspelt

2 Petersilienwurzeln, geraspelt

1 Ei, verquirlt

Salz und frisch gemahlener Pfeffer

150 g Bacon (Frühstücksspeck), fein gewürfelt

Fett zum Braten

Üblich sind Kartoffelpuffer nur aus Kartoffeln. Ich füge Petersilienwurzeln hinzu, das verleiht ihnen eine besondere Note. Dazu das Raucharoma des Specks und der bittersüße Geschmack von Preiselbeerkonfitüre – eine himmlische Kombination! Sollten Sie keine Petersilienwurzeln bekommen, nehmen Sie ein anderes Wurzelgemüse.

1 Kartoffeln, Petersilienwurzeln und Ei vermengen, kräftig mit Salz und Pfeffer würzen.

2 Speck in der Pfanne ohne Fett knusprig braten und auf Küchenpapier abtropfen lassen. Etwas Fett in der Pfanne zerlassen. Jeweils 1 EL Kartoffelteig hineingeben und bei mittlerer Hitze von beiden Seiten goldbraun backen; innen sollten die Puffer noch weich sein. Anschließend mit den Speckwürfeln bestreuen und warm servieren. Nach Geschmack Preiselbeerkonfitüre dazu reichen (siehe Seite 176).

Helstekt spätta

GEBRATENE SCHOLLE

FÜR 4 PORTIONEN

4 ganze Schollen, ausgenommen und die Köpfe entfernt

Salz und frisch gemahlener Pfeffer

60 g Mehl

Butter zum Braten

16 große Garnelen ohne Schale, gekocht

12 Pilze Ihrer Wahl, in Scheiben geschnitten

Zitronenscheiben zum Garnieren

Falls Sie nicht das Glück haben, Schollen direkt vom Kutter kaufen zu können, achten Sie darauf, dass sie fangfrisch sind. Direkt aus der Pfanne, mit Kartoffeln, Garnelen und Pilzen serviert, sind Schollen ein köstlicher Leckerbissen.

1 Schollen salzen, pfeffern und im Mehl wenden. Butter in einer großen Pfanne erhitzen. Schollen nacheinander bei geringer Hitze von beiden Seiten goldbraun braten. Fertig gebratene Schollen aus der Pfanne nehmen und im Ofen warm halten.

2 In einer zweiten Pfanne etwa 2 EL Butter erhitzen und die Garnelen darin anbraten. Pilze dazugeben und etwa 2 Min. mitbraten.

3 Schollen auf 4 vorgewärmten Tellern anrichten. Pilze und Garnelen darauf verteilen und mit Zitronenscheiben belegen. Dazu schmecken Salzkartoffeln.

Torsk med rotsaker

KABELJAU MIT KARTOFFELPÜREE

FÜR 4 PORTIONEN

600 g mehlig kochende Kartoffeln, geschält und halbiert

2 Petersilienwurzeln oder anderes Wurzelgemüse, gehackt

Salz

1 dickes Kabeljaufilet (600 g)

3 EL Rapsöl

frisch gemahlener Pfeffer

abgeriebene Schale und Saft von 1 Bio-Zitrone

4 Stängel Dill

8 Kirschtomaten, fein gehackt

150 ml Milch

1 EL Butter

100 g Räucherlachs, in Streifen geschnitten

1 Stück (5 cm) Meerrettich, gerieben

Der Herbst ist die Jahreszeit der Wurzelgemüse, also die ideale Zeit für dieses außergewöhnliche Kartoffelpüree. Und Kabeljau zählt zu meinen Lieblingsfischen. Leider sind die Bestände in manchen Regionen überfischt. Sollten Sie deshalb Bedenken haben, nehmen Sie einen anderen weißfleischigen Fisch.

1 Den Backofen auf 150 °C (Umluft 130 °C) vorheizen. Kartoffeln und Petersilienwurzeln in leicht gesalzenem Wasser garkochen.

2 Inzwischen das Fischfilet in 4 Portionen schneiden. Mit 1 EL Öl bepinseln, mit Salz und Pfeffer würzen. Filets in eine ofenfeste Form legen und in 10–15 Min. auf der mittleren Schiene garen.

3 Inzwischen das restliche Öl mit Zitronenschale und -saft sowie 3 Stängeln Dill im Küchenmixer zu einem Dressing mixen. Tomaten untermischen, mit Salz und Pfeffer abschmecken.

4 Gemüse gut abtropfen lassen, mit Milch und Butter zerstampfen, salzen und pfeffern.

5 Püree auf 4 vorgewärmte Teller verteilen. Filets darauf anrichten. Mit Räucherlachs belegen und Dressing darüberträufeln. Mit Meerrettich und restlichem Dill garnieren und servieren.

Löjromstoast

CANAPÉS MIT FELCHENROGEN

FÜR 4 PORTIONEN

150 g tiefgefrorener Felchenrogen
4 Scheiben Brot nach Geschmack
Butter für das Brot
4 EL Crème fraîche
4 Schalotten, fein gehackt

Wenn man weiß, wie wenig Rogen so ein Felchen hat und wie viel Arbeit es macht, ihn zu waschen, wundert man sich nicht über den Preis. Felchenrogen bekommt man meist tiefgefroren. Man muss ihn nicht einmal auftauen, um ihn auf einem leckeren Toast oder einem Stück Fisch zu genießen – er schmeckt einfach köstlich.

1 Rogen nach Belieben im Kühlschrank auftauen. Brot toasten und mit Butter bestreichen. Jede Scheibe vierteln, z. B. in Dreiecke schneiden.

2 Crème fraîche auf den Canapés verteilen. Den Rogen darauf geben und mit Schalotten bestreuen. Sofort servieren, damit das Brot nicht weich wird.

Fikonchutney

FEIGEN-CHUTNEY

FÜR ETWA 400–500 GRAMM

400 g frische Feigen, fein gewürfelt

abgeriebene Schale und Saft von 1 Bio-Zitrone

2 EL Muscovado-Zucker (Rohrzucker)

5 Walnusshälften, gehackt

Im Herbst trägt unser Feigenbaum Früchte in Hülle und Fülle. Er steht in unserem Gewächshaus, sonst würde er den Winter in Südschweden nicht überleben. Da wir nicht alle Früchte essen können, verarbeite ich den Rest zu einem Chutney, das hervorragend zu Fleischgerichten und reifem Käse passt.

1 Feigen mit Zitronenschale und -saft in einem Topf bei geringer Hitze zum Köcheln bringen. Den Zucker hinzufügen. Das Ganze etwa 10 Min. offen köcheln lassen. Die Nüsse dazugeben und abkühlen lassen. In sterilisierte Schraubdeckelgläser füllen und luftdicht verschließen.

Im Kühlschrank hält sich das Chutney etwa 2 Wochen.

Björnbärssylt

BROMBEERKONFITÜRE

FÜR ETWA 2,5 KILOGRAMM

2 kg Brombeeren
1,5 kg Zucker

An sonnigen Herbsttagen gibt es nichts Schöneres, als Brombeeren zu sammeln. Diese Konfitüre passt vorzüglich zu Milchreis und Sahnemilchreis (siehe Seite 48).

1 Brombeeren in einem Topf langsam zum Kochen bringen. Wenn die Beeren anfangen, Saft zu ziehen, etwa 10 Min. im eigenen Saft köcheln lassen.

2 Den Topf vom Feuer nehmen und den Zucker einrühren. Konfitüre abkühlen und eindicken lassen. Dabei gelegentlich umrühren und den Schaum abschöpfen.

3 Konfitüre in sterilisierte Gläser oder Gefrierdosen füllen, abkühlen lassen und kühl und dunkel lagern bzw. einfrieren.

Äppelgelé

APFELGELEE

FÜR ETWA 2,5 KILOGRAMM

2 kg Holzäpfel

1 kg Zucker pro 1 l Saft

Im September biegen sich die Äste der Apfelbäume unter der Last der Früchte. Dann ist es Zeit, dieses köstliche Gelee zu machen. Am besten eignen sich Holzäpfel. Zum Rohessen sind die kleinen Früchte zu sauer, für ein Gelee sind sie ideal. Sollten Sie keine Holzäpfel bekommen, nehmen Sie Kochäpfel. Apfelgelee schmeckt vorzüglich zu gebratenem Fleisch und Pasteten.

1 Äpfel waschen und ggf. braune Stellen und Stiele entfernen. Früchte mit Schalen und Kerngehäusen fein würfeln. Mit 2 l Wasser in einem großen Koch- oder Marmeladentopf zum Kochen bringen. Die Früchte bei geringer Hitze köcheln lassen, bis sie beginnen zu zerfallen. Die Kochzeit ist von Größe und Sorte der Äpfel abhängig.

2 Äpfel mit der Kochflüssigkeit in ein mit einem Mulltuch ausgelegtes Sieb geben, gut abtropfen lassen und den Saft auffangen. Früchte nicht ausdrücken, sonst wird das Gelee trüb.

3 Den Saft abmessen, zurück in den Topf gießen und 5 Min. kochen lassen. Die entsprechende Menge Zucker abwiegen, zum Saft geben und unter Rühren auflösen. Den Saft aufkochen und etwa 10 Min. köcheln lassen, eventuell abschäumen. Um zu prüfen, ob das Gelee die richtige Konsistenz hat, einen sauberen Löffel hineintauchen. Bleibt es daran haften, ist das Gelee fertig. Das Gelee in sterilisierte Schraubdeckelgläser füllen, abkühlen lassen und kühl und dunkel lagern.

Oben: Dieses Foto entstand Anfang der 1960er Jahre. Es zeigt meinen Bruder, meinen Vater und mich unter dem großen Apfelbaum im Garten meiner Großeltern. Sie besaßen riesige Obstplantagen. Ich liebte es, sie zu besuchen und meinem Vater bei der Apfelernte zu helfen.

Min skånska äppelkaka

APFEL-CRUMBLE

FÜR EINE RUNDE AUFLAUFFORM (Ø 25 CM, 6 PORTIONEN)

4 EL Butter

6 mittelgroße Tafeläpfel, entkernt und in dünne Spalten geschnitten

50 g Semmelbrösel

110 g Demerara-Zucker (Rohrzucker)

60 g Mandelblättchen

Mit dem Herbst kommt die Apfelzeit. Diese süße Zubereitungsart stammt aus meiner Heimat Schonen. Crumble-Rezepte gibt es vermutlich so viele, wie es Köche gibt. Lassen Sie sich von meinem Rezept ruhig zu einer eigenen Kreation anregen.

1 Backofen auf 200 °C (Umluft 180 °C) vorheizen. Die Form mit etwas Butter fetten. Äpfel hineinlegen und mit Semmelbröseln, Zucker und Mandelblättchen bestreuen.

2 Restliche Butter in Flöckchen daraufsetzen und Crumble in etwa 30 Min. auf der mittleren Schiene goldbraun backen. Dazu schmeckt kalte Vanillesauce (siehe unten) oder Schlagsahne.

Vaniljsås

KALTE VANILLESAUCE

FÜR 4–6 PORTIONEN

2 Eier, getrennt

2 EL Zucker

200 g Sahne

1 TL Vanillezucker

abgeriebene Schale von ½ Bio-Zitrone

Diese Sauce serviere ich zu Tarte oder Crumble. Sie passt zu Rhabarber im Frühling bis zu Äpfeln im Herbst.

1 Eigelbe mit Zucker cremig aufschlagen. Eiweiß und Sahne getrennt steifschlagen.

2 Erst die Sahne und dann den Eischnee vorsichtig unter die Eigelbmischung heben. Vanillezucker und Zitronenschale unterziehen und die Vanillesauce servieren.

Hjortronstrutar

MOLTEBEER-VANILLE-EIS IM HÖRNCHEN

FÜR 6 PORTIONEN

1 Eiweiß

30 g Puderzucker

30 g Mehl

½ TL Vanillezucker

25 g Butter, zerlassen und abgekühlt

200 ml Vanilleeis

6 EL Moltebeerkonfitüre (im Internet zu bestellen)

Während meines Studiums in Umeå wurde mir klar, warum Moltebeeren auch »Gold von Norrland« genannt werden: Die goldgelben Beeren mit dem unvergleichlichen Geschmack funkeln wie Edelsteine in den herbstlichen Wäldern und Mooren der Region.

1 Backofen auf 200 °C (Umluft 180 °C) vorheizen. Auf 2–3 Bogen Backpapier 6 Kreise à Ø 12 cm aufzeichnen.

2 Eiweiß mit Puderzucker steifschlagen. Mehl und Vanillezucker vorsichtig unterheben. Die Masse sollte klümpchenfrei und locker sein. Zum Schluss die Butter unterziehen.

3 Die Teigmasse in den Kreisen verstreichen und etwa 5 Min. auf der mittleren Schiene backen. Dabei darauf achten, dass der Teig nicht verbrennt. Aus dem Ofen nehmen und sofort zu Hörnchen bzw. Spitztütchen aufrollen. Jedes Hörnchen in ein Glas stellen und abkühlen lassen.

4 Eis antauen lassen und mit 4 EL Moltebeerkonfitüre mischen. Auf die Hörnchen verteilen, mit je 1 Klecks Konfitüre verzieren und sofort servieren.

Hasselnötsmuffins

HASELNUSSMUFFINS

FÜR ETWA 40 STÜCK

300 g Haselnüsse, gehäutet
6 Eier, getrennt
330 g Zucker
3 EL Semmelbrösel
1½ TL Backpulver
½ TL Vanillezucker

Diese wundervollen Muffins sind kleiner als diejenigen, die man in den meisten Cafés bekommt. Deshalb kann man sie gut zwischendurch naschen. Das Rezept stammt von meiner Mutter, die mir damit so manchen trüben Herbstnachmittag versüßt hat.

1 Backofen auf 200 °C (Umluft 180 °C) vorheizen. Haselnüsse im Mixer fein hacken.

2 Eigelbe mit Zucker cremig aufschlagen. Nüsse, Semmelbrösel, Backpulver und Vanillezucker unterziehen. Eiweiß steifschlagen und vorsichtig unter die Eigelbmischung heben.

3 Kleine Papier-Muffinförmchen zu zwei Dritteln mit Teig füllen. Muffins 8–10 Min. auf der mittleren Schiene im Ofen backen. Für die Garprobe ein Holzstäbchen in den Teig stecken. Bleibt es sauber, sind die Muffins fertig.

Hasselnötsmuffins c:a 4o st.

6	st.	ägg
3	dl.	socker
3	msk.	skorpmjöl
3oo	gr.	hasselnötskärnor
1,5	tsk.	bakpulver
2	"	vaniljsocker

Rör äggulor och socker poröst, tillsätt nötterna blandade med skorpmjölet samt bakpulvret.
Blanda sist ner de till skum slagna vitorna.

Gräddas i 2oo gr. 8 min.

Die schwedische Vorratskammer

Ich schätze mich sehr glücklich, in Schweden zu leben. Hier habe ich eine fantastische Landschaft direkt vor der Haustür – mit Bauernhöfen, Wäldern und dem Meer –, die mir frische Zutaten in Hülle und Fülle bietet. In meinem Garten gedeiht dank des milden südschwedischen Klimas herrliches Gemüse. Und wenn mir das nicht reicht, fahre ich zur Großmarkthalle nach Malmö.

Als Kochbuchautorin und Foodjournalistin habe ich immer viele Lebensmittel in meiner Vorratskammer und probiere ständig Neues aus. Mein Garten ist auch eine Art Vorratskammer: Im Sommer hält er Rhabarber, Tomaten und Kräuter bereit.

Ich lege mir stets einen Vorrat an saisonalen Lebensmitteln an, denn frische saisonale Zutaten sind das A und O einer guten, gesunden Küche. Allerdings sind unsere Winter mitunter ziemlich lang. Aber da leistet mir meine Gefriertruhe gute Dienste, in der ich einen großen Vorrat an Beeren und Gemüse lagere. Im Herbst biegen sich dann die Regale unter der Last der vielen Gläser mit selbst gemachten Mixed Pickles, Chutneys und Konfitüren. Und weil ein schwedisches Fest ohne Hering nahezu undenkbar ist, dürfen eingelegte Heringe und Sprotten, aber auch Schnaps nicht fehlen.

Nudeln und Reis findet man zwar auch im schwedischen Vorratsschrank, aber zu traditionellen Gerichten ist die Kartoffel einfach unschlagbar. Im Winter achte ich darauf, ausreichend Kartoffeln und Wurzelgemüse im Haus zu haben. Milchprodukte spielen ebenfalls eine wichtige Rolle. Deshalb befindet sich in meinem Kühlschrank ein ordentlicher Vorrat an Butter, Sahne und Milch.

Zwei Dinge aber dürfen in keinem schwedischen Vorratsschrank fehlen: Preiselbeerkonfitüre und Knäckebrot – beides geht bei mir garantiert nie aus!

Bezugsadressen

Sortiert nach Länderkürzeln und Postleitzahlen

SKAEN
Margaretenstraße 56
A-1050 Wien
Tel.: +43 (0)1 5811102
info@skaen.at
www.skaen.at

SWEEDY
Griesgasse 5
A-5020 Salzburg
Tel.: +43 (0)676 86861602
info@sweedy.at
www.sweedy.at

HERR NILSSON GODIS
Wühlischstraße 58
D-10245 Berlin
Tel.: +49 (0)163 9836341
herrnilsson@herrnilsson.com
www.herrnilsson.com

SWEDEN-SHOPPA
Holsteinische Straße 19
D-10717 Berlin
Tel.: +49 (0)30 84315698
post@sweden-shoppa.de
www.sweden-shoppa.de

SCHWEDEN-MARKT
Dickhardtstraße 60
D-12159 Berlin-Friedenau
Tel.: +49 (0)30 22194674
schweden-markt@freenet.de
www.schweden-markt.de

SWEDISH GOURMET
Bundesallee 139
D-12161 Berlin
Tel.: +49 (0)30 37888754
info@swedishgourmet.se
www.swedishgourmet.se

SCHWEDEN-FISCH
Gardeschützenweg 65
D-12203 Berlin
Tel.: +49 (0)30 8343444
info@schweden-fisch.de
www.schweden-fisch.de

SKANDINAVIUM
Eppendorfer Weg 83
D-20259 Hamburg
Tel.: +49 (0)40 43282000
skandinavium.hamburg@freenet.
de
www.skandinaviumhamburg.de

ANDERSSON IMPORT
Am Fronhof 16
D-40667 Meerbusch
Tel.: +49 (0)2132 1318220
food@andersson-import.de
www.andersson-import.de

IKEA
46 Filialen in Deutschland
7 Filialen in Österreich
10 Filialen in der Schweiz
www.ikea.com

ONFOS
Tel.: +49 (0)89 41613642
info@onfos.de
www.onfos.de

SCANDMARKT
Tel.: +49 (0)30 56551820
info@scandmarkt.de
www.scandmarkt.de

SCHWEDENSTUBE
www.schwedenmarkt.de

SVEASHOP
Tel.: +49 (0)3301 2029602
info@sveashop.de
www.sveashop.de

SVERIGE ONLINE
kundservice@sverigeonline.se
www.sverigeonline.se

Register

Deutsche Rezeptnamen und Sachbegriffe

Schwedische Rezeptnamen

Danksagung

Mein besonderer Dank gilt meiner Mutter. Sie war eine hervorragende Köchin, und ihr verdanke ich es, dass ich schon als Kind viele Speisen kennengelernt habe. Natürlich war ich nicht immer begeistert, wenn sie tütenweise Heringe oder Hähnchen mit nach Hause brachte, um mich in deren Zubereitung zu unterweisen. Doch im Laufe der Jahre habe ich zu schätzen gelernt, was sie mir beigebracht hat, und erkannt, wie nützlich mir dieses Wissen in meinem Beruf war und ist.

Ich danke meinem Mann Per (genannt Pelle) und meiner Tochter Sara, die meine neu entwickelten Rezepte stets bereitwillig probieren. Sie sind inzwischen selber gute Köche, von denen ich immer wieder neue Anregungen bekomme.

Und ich danke Tine für ihre Geduld beim Kochen und Foodstyling und für die herrlichen Aufnahmen, die sie für dieses Buch gemacht hat. Dank auch an Petra, die die sprachliche und kulinarische Brücke zwischen Schweden und England geschlagen hat.

Bildnachweis

Margareta Schildt Landgren: Seite 28, 29, 32, 33, 46, 47, 73 (rechts oben), 109, 161, 169, 185, 206 (Mitte rechts) und 213

Alamy: Seite 210